1 x 1
DER
HUNDEERZIEHUNG

DER RATGEBER FÜR DIE
ERFOLGREICHE ERZIEHUNG
VOM WELPEN
BIS ZUM JÄHRLING

VON HEINZ GAIL

1 x 1 DER HUNDEERZIEHUNG

KYNOS VERLAG MÜRLENBACH

IMPRESSUM

© 1991 KYNOS VERLAG Dr. Dieter Fleig GmbH
Am Remelsbach 30
54570 Mürlenbach/Eifel
Telefon 06594/653
Telefax 06594/452

3. Auflage 1994

ISBN 3-924008-67-1

INHALTSVERZEICHNIS

VORWORT

Man kann es ruhig sagen, der Verfasser dieses Buches, Heinz Gail, hat mit der Darstellung seiner Ausbildungsmethode Neuland beschritten. In diesem Buch werden Hinweise gegeben, die dem Fachmann eigentlich innerlich schon längst geläufig sind, die er jedoch nach außen noch lange nicht vertreten konnte. Nur sehr schleppend verbreitet sich der Standpunkt, daß mit der fundamentalen Erziehung der Hunde schon recht frühzeitig begonnen werden muß. Noch heute stehen sich die Sprichwörter „laßt dem Hund seine Jugend" und „was Hänschen nicht lernt, lernt Hans nimmermehr" entgegen. Die neuen Erkenntnisse der Hundeausbildung führen jedoch eindeutig darauf hin, mit den grundlegenden Erziehungseinwirkungen so früh wie möglich zu beginnen, wobei natürlich das jeweilige Alter, was heißt: die Belastbarkeit des Hundes, nicht vergessen werden darf. Ich kann mir deshalb vorstellen, daß diese im Buch aufgestellten Thesen und Hinweise auch den alten, eingefleischten Hundeausbildern neue Erkenntnisse vermitteln können.

Sehr zu begrüßen ist auch, daß der Verfasser des Buches eine deutliche Distanz zu den Hundehändlern und Massenzüchtern erkennen läßt und auf die verantwortungsbewußten Züchter im Bereich des Verbandes für das Deutsche Hundewesen hinweist. Der frühzeitige Ausbildungsbeginn ist natürlich auch davon abhängig, daß der Hundekäufer einen gut vorbereiteten Welpen erwerben kann. Daß hier die Züchter ebenfalls ihren Beitrag leisten müssen, wird im Buch sehr deutlich herausgestellt. Sozialisierung und Prägung sollten heute für keinen Züchter mehr ein Fremdwort sein, und die sehr häufig gut informierten Hundekäufer könnten dann mit ihrem neuerworbenen und doch hoffentlich erfolgversprechenden Welpen im Sinne des Autors weiter arbeiten.

Da ich selbst seit Jahrzehnten aktiv am Ausbildungswesen der Hundesportvereine teilnehme, alle bis heute bekannt gewordenen „Ausbildungstheorien" durchprobiert und teilweise mitgetragen und diese Thesen dann auch immer mehr oder weniger erfolgreich an eigenen Hunden erprobt habe, möchte ich auch diesem Buch einen aufnahmebereiten Leserkreis wünschen. Nur durch immer wieder neu anstoßende Ideen lassen sich die Grenzen des Machbaren erproben und das Bleibende festhalten. Das vorliegende Buch hat sicher Methoden zum Inhalt, die bleiben werden. Aus diesem Grunde hoffe ich auf einen aufgeschlossenen Leserkreis.

Rainer Gerstlauer

1. Vorsitzender des Südwestdeutschen Hundesportverbandes

ZUM GELEIT

Schon wieder ein Buch über Hunde-Ausbildung...
Dabei hat Ihnen dieses nichts zu bieten, was neu oder gar revolutionär wäre. Die geschilderte Art der Ausbildung beruht auf wissenschaftlichen Erkenntnissen, die mehr als 30 Jahre zurückliegen. In der Zwischenzeit sind weltweit Tausende von Hunden auf diese „humane" Weise zu Spitzenkönnern ihres Fachs geworden. Die Leistungen der auf diese Art geschulten Vierbeiner liegen wesentlich über denen der nach herkömmlichen „Methoden" vorbereiteten. Nachweislich!

Doch keine Angst. Dies ist kein Buch für Menschen, die ihrem Liebling zirkusreife Dressurnummern beibringen möchten. Im Gegenteil. Gestandene Ausbildungs-Profis werden kaum etwas darin finden, was sie nicht wissen – oder wissen müßten. Das Buch beabsichtigt auch nicht, Sie zu einem Kynologen, zu einem Hundewissenschaftler zu machen. Es soll ein praktische Ratgeber sein.

Ein Buch aus der Praxis – für die Praxis. Für den „normalen" Hundebesitzer, der aus seinem Familienhund einen angenehmen Zeitgenossen machen möchte; dessen Ziel ein freudig arbeitender Hund ist, ein glücklicher Hund, der auch zu Spitzenleistungen fähig ist – sofern Frauchen und Herrchen die nötige Initiative und Zeit zu investieren bereit sind.

Das Buch zeigt Ihnen, wie Sie zwangsläufig zum Erfolg kommen, wenn Sie Schritt für Schritt vorgehen und die Grundregeln beherzigen.

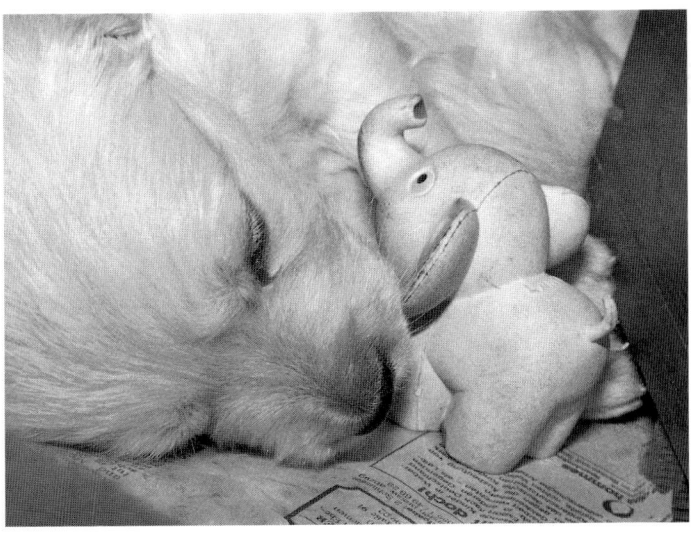

„Ob Ihr es glaubt oder nicht, ich werde einmal ein richtiger Jagdhund!"

EINLEITUNG

Warum dieses Buch geschrieben wurde.

In Sachen ‚Hund‘ ist Deutschland ein Entwicklungsland! Zwar gibt es bei uns die präzisesten Prüfungsordnungen für die verschiedensten Gebrauchhunde; auch Spitzenleistungen einzelner Hunde finden weit über die Grenzen hinaus Anerkennung. Das ist nicht gemeint.

Gemeint ist das Allgemeinwissen des Durchschnittbürgers zum Thema Hund. Selbst die überwiegende Mehrzahl der Hundebesitzer hat nur ein geringes Grundwissen über ihren Liebling und dessen Artgenossen. Und das ist meist auch noch falsch. Es beruht oft auf überlieferten Altweibergeschichten, Biertischweisheiten, Erfahrungen des Nachbarn oder entstammt der Feder unkompetenter Schreiberlinge.

Wenn Sie eine Geschichte zum ersten Mal hören, werden Sie sie glauben. Erzählt Ihnen jemand die gleiche Story später mit veränderten Details, neigen Sie dazu, diesen Details zu widersprechen, weil Sie ja die ursprüngliche Version als Wahrheit ansehen. Möglicherweise dauert es deshalb so lange, bis sich neue Erkenntnisse in den Köpfen der Menschen Platz schaffen können.

Wir werden in diesem Buch einige alte Zöpfe abschneiden, Geschwätz widerlegen und viele Thesen älterer Autoren dahin verbannen, wo sie hingehören – in die Rumpelkammer. Angefangen mit Volksweisheiten – wie – „Das Füttern von frischem Blut macht den Hund aggressiv“ bis hin zu ‚Experten‘-Meinungen „ein im Haus gehaltener Hund kann nie ein richtiger Jagdhund werden, weil seine Nase darunter leidet“ – wird vieles als Märchen oder als schlichter Blödsinn enttarnt.

Aus einem lammfrommen Hund durch bestimmtes Futter einen scharfen machen zu wollen ist so, als würden Sie Ihrer Tochter täglich Jasmin-Tee einflößen in der Hoffnung, daß sie durch diese Maßnahme rote Haare bekommt.

Fragen Sie mal die Top-Jagdhundeführer, den Berufsjäger, der einen Spitzenhund führt, oder den Ausbilder, der Erfolge auf allerhöchster Ebene vorweisen kann, wie es um die Nasen ihrer Hunde bestellt ist. Die besten unter ihnen leben alle im Haus, besitzen vorzügliche Riechorgane und wissen sie auch einzusetzen. Aber fragen Sie keinen Jäger, bei dem die Leistungen seines Hundes nur im Latein existieren.

Die meisten unserer Arco's und Bella's fristen ein trauriges Dasein, weil sie absolut unterfordert sind. Ein normaler Hund ‚arbeitet‘ mindestens ebenso gerne wie er frißt. Und er braucht ‚Beschäftigung‘ genauso nötig wie sein Futter. Neunzig Prozent der Vierbeiner – und das ist nicht nur bei uns so – leben wie Parasiten: Sie werden gefüttert, logiert, beschützt, ärztlich betreut und sind unserer Zuneigung gewiß, ohne auch nur die geringste Gegenleistung erbringen zu müssen. Dabei würden sie doch so gerne etwas tun!

Ein Hund ist kein Spielzeug und ein Welpe keine Weihnachtsgeschenk-Puppe. Wenn sich Interessenten bei uns um einen Welpen bewerben, hören wir immer wieder den Satz: „Bei uns wird er es gut haben.“ Was immer die Leute darunter verstehen mögen – noch nie hat jemand das Gegenteil vorausgesagt. Zu dem „er wird es gut haben“ gehört ‚Beschäftigung‘; ihn zu fordern und zu fördern. Nicht das Mastschwein auf der Couch ist ein glücklicher Hund, sondern der aktive, gut erzogene, der seine Aufgaben ebenso kennt wie seine Grenzen.

Das kleine Etwas auf meinem Schoß sah eher aus wie ein Eisbär, denn als ein Hundekind. Auf dem Air France Flug 624 Berlin-Köln taten besonders nette Stewardessen ihren Dienst. Sie hatten erlaubt, den hechelnden Kleinen aus dem vorgeschriebenen Hundekarton zu befreien und benutzten jede freie Sekunde dazu, ihn zu bewundern und zu streicheln.

„Die große, weite Welt hatte ich mir ganz anders vorgestellt!"

„Ein Hund ist kein Spielzeug und ein Welpe keine Weihnachtsgeschenk-Puppe."

Aramis war ein acht Wochen alter Golden Retriever Welpe von seltener Schönheit. Seine nachtblauen, großen Augen, umrandet von pechschwarzen Lidern und die ebenso schwarze Nase bildeten einen eleganten Kontrast zu der crèmefarbigen, fast weißen Wolle seines Babyfelles.

Sein Züchter und auch schon die Züchterin seiner Mutter hatten uns auf Herz und Nieren (wohl mehr auf Herz und Hundeverstand) geprüft und für würdig befunden, einen der sieben Welpen erstehen zu dürfen. Und so saß ich nun mit dem kleinen Kerlchen in der alten 707, deren defektes Druckausgleichsystem unseren Ohren schwer zu schaffen mach-

te, und hoffte in seinem Interesse auf eine baldige Landung in Köln/Bonn, wo Frauchen uns abholen würde.

Der Flug und die anschließende Autofahrt nach Hause beeindruckten ihn in keiner Weise. In seinem neuen Heim angekommen inspizierte er sogleich das Territorium. Jedesmal, wenn man ihn ansprach, kam er – mit dem kleinen Schwänzchen begeistert wedelnd – angesaust; aber er suchte auch oft aus eigenem Antrieb unsere Nähe, mal um uns zum Spiel aufzufordern, mal um einen von uns beiden einfach abzulecken. Nicht nur unsere, auch die Herzen von vielen Hundekennern, denen wir ihn vorstellten, eroberte er im Sturm.

Sieben Zentner an der Leine müssen nicht automatisch Streß bedeuten, obwohl diese fünf Neufundländer-Damen von der Fotografin so begeistert sind, daß sie zu ihr drängen.

Von dem sanften Ausdruck seiner inzwischen tiefbraunen Augen auf sein Wesen, seinen Charakter zu schließen, war sicher nicht falsch. Doch dies und sein nur ‚mittelmäßiges‘ Temperament hinderten ihn keineswegs daran, schon nach kurzer Zeit einen eigenen Willen zu manifestieren und Mittel und Wege zu finden, diesen auch durchzusetzen. Mit Beginn seiner Pubertätsphase schien ihm urplötzlich bewußt geworden zu sein, daß er ein Jagdhund ist: Kaninchen, Hase, Fasanen, Feldmäuse, Igel – nichts war mehr vor ihm sicher. Um gewittertes oder eräugtes Wild aufzuspüren, grub er sich unter dem Gartenzaun durch und blieb manchmal stundenlang verschwunden. Für eine ernsthafte Ausbildung schien es also höchste Zeit.

Als er zehn Monate alt wurde, begann für uns die Arbeit auf dem Hundeplatz. Die Grundlagen der Hauserziehung wie „Sitz“, „Platz“, das Gehen an der Leine usw. hatten wir zuvor geübt. Bei dem Kommando „Komm“ lag die Erfolgsquote allerdings unter 10 %, weil er ständig von etwas Interessanterem abgelenkt war. Einzig zu Hause im Wohnzimmer durfte man hoffen…

Der Hundeführerlehrgang, den wir besuchten, wurde von einer Handvoll Idealisten durchgeführt, deren uneigennütziges Ziel darin bestand, Jagdhunde unterschiedlichster Rassen in einem sechsmonatigen Kurs auf die Jagdeignungsprüfung vorzubereiten.

Um es gleich vorweg zu nehmen: Er bestand seine Prüfung. Unter den Folgen der dort praktizierten, rüden Ausbildungsmethoden leidet er jedoch noch heute. Der barsche Ton, ständiges Herumschreien, Stachelhalsband, Zwangsapport von Bleiröhrchen etc. bewirkten nicht nur eine geduckte Haltung und einen lustlosen Arbeitsstil, sondern seine Arbeitsfreude – und damit seine Lebensfreude – hatten einen Knacks erlitten, der nie mehr vollständig zu beheben war.

„Du hast halt ein Sensibelchen“ lautete der Kommentar der erfahrenen Ausbilder. Das machte mich nachdenklich. Einerseits weil die Hundeschule, die wir besucht hatten, einen guten Ruf genießt und andererseits, weil ich mich instinktiv dagegen wehrte, Sensibilität als etwas Negatives zu betrachten.

Wir hatten im Laufe der Jahre schon einige Hunde verschiedener Rassen gehabt; darunter einen ‚dickfelligen‘ englischen Setter und eine sture Dalmatinerhündin, denen ein solcher Behandlungsstil weniger ausgemacht hätte. Aber gerade bei diesen ‚unsensiblen‘ Typen ist es mir nie gelungen, eine richtige Beziehung, eine enge Bindung aufzubauen.

Zum Thema Hundeausbildung erwarb ich daraufhin eine Menge Literatur und begann zu lesen. Es waren die falschen Bücher. Einen Mangel hatten sie alle gemeinsam: Der Hund kam zu kurz! Er schien nur noch (Ausbildungs-) Objekt zu sein. Auf seine Psyche wurde so wenig Rücksicht genommen wie bei einem Crashtest auf die Autos.

Kurze Zeit später – ein Glücksfall. Es war, als hätte man Monate und Monate auf Regen gewartet, und plötzlich fängt es an zu gießen, zu schütten. Bekannte hatten einen Holländer eingeladen, der einen Fortbildungskurs in Sachen Ausbildung abhielt. Ich packte Hund, Frau und Schwiegermutter ins Auto und verbrachte eine Woche im Harz.

Alf Geurds, damals etwa Mitte dreißig, ist wie gesagt Holländer, Lehrer von Beruf und was Hunde betrifft ein Ass. Zu sagen, er sei eine Kapazität, ist stark untertrieben. Er ist ein Magier! Was er mit vollkommen fremden Hunden in kürzester Zeit zustande bringt, grenzt an Wunder.

So lernten wir mit der Zeit andere Methoden kennen, andere Literatur und andere Leute. Leute, für die Ausbildung und Abrichtung zwei verschiedene Paar Schuhe sind.

I WAHL DES RICHTIGEN HUNDES

Vor dem Kauf

Die meisten Leute entscheiden sich, wenn sie sich einen Hund zulegen, für eine bestimmte Rasse nach deren äußerem Erscheinungsbild. Mancher bevorzugt kleine, mancher mittlere, ein anderer große Rassen. Doch innerhalb dieser Kategorien fällt die Wahl wieder zugunsten von Äußerlichkeiten. Das ist der falsche Weg! Widerstehen Sie standhaft der Versuchung, sich für eine bestimmte Rasse zu entscheiden, weil deren Aussehen sie so begeistert, (oder haben Sie ihre Gattin auch nur ihres Äußeren wegen geheiratet?). Fragen Sie sich, was Sie später von dem erwachsenen Hund erwarten. Welche Aufgaben muß er, welche soll er erfüllen, und welche Eigenschaften wären Sie nicht bereit zu akzeptieren? Und welche seiner Bedürfnisse können Sie erfüllen, welche nicht.

Fangen wir am Anfang an. Schon Ihre Wohnsituation kann einige Rassen ausschließen: Eine bewegungsfreudige Rasse hat nichts in einer Hochhauswohnung zu suchen. Sofern Sie nicht bereit sind, mit Hundehaaren zu leben (nicht nur auf dem Teppich, – auch an Ihren Kleidern und gelegentlich auf der Butter), sollten Sie die Finger von Langhaarigen lassen, insbesondere von solchen mit „Unterwolle". Gelockte Rassen wie Pudel, Airdale Terrier, Curlycoated Retriever haaren nicht – oder fast nicht. Bei den Kurzhaarigen bereitet ein Boxer (ohne Unterwolle) viel weniger Haarprobleme als z.B. ein Labrador (mit Unterwolle).

Soll Ihr künftiger Begleiter bestimmte Funktionen übernehmen, z.B. die des Wach- oder die des Schutzhundes, kommen nur wenige Rassen in die engere Wahl. Achten Sie darauf, daß der Auserwählte aufgrund seiner Vorfahren und dem von diesen Ererbten tatsächlich in der Lage ist, Ihre Anforderungen zu erfüllen.

Sie alle kennen Geschichten, z.B. von einem bissigen Schäferhund, der ständig wütend bellend hinter dem Zaun entlang läuft; vom ängstlichen Mischling, der bei jedem vorbeifahrenden Auto zusammenzuckt; vom gefährlichen Rottweiler, der auf jeden Rüden losgeht; oder vom mannscharfen Dobermann, der nur mit Waffenschein geführt werden dürfte. Solche Einzelfälle verbreiten sich wie Lauffeuer. Die Sensationspresse tut ein Übriges, um Vorurteile aufzubauen.

Hunde sind nicht so! Wenn es trotzdem einige solche gibt, dann deshalb, weil Menschen sie so gemacht haben. Ein Bull Terrier wird nicht Kampfhund genannt, weil er bissig wäre, sondern weil sein Körperbau, seine Statur, seine Konstitution und sein „Mut" – seine Unerschrockenheit – ihn für bestimmte Kämpfe prädestinieren. Heute hat er völlig neue Aufgaben gefunden.

Falls eine bestimmte Rasse – und sei es auch die verrufenste – Ihr Ideal darstellt, werden Sie nach sorgfältiger Suche Exemplare finden, die – trotz aller züchterischer Idiotie – völlig „normale" Hunde sind. Natürlich soll Ihnen Ihr zukünftiger Partner auch optisch gefallen, doch viel wichtiger ist sein Wesen, sein Charakter. Jede Rasse hat ihre Eigenheiten, ihr rassetypisches Wesen. Aber die einzelnen Vertreter einer Rasse können extrem unterschiedliche Wesensmerkmale aufweisen.

Wünschen Sie sich eine aggressive Bestie – sei es, weil Sie mit Minderwertigkeitskomplexen behaftet sind – sei es, weil Sie glauben, eigene Aggressionen auf diese Art abbauen zu können – lassen Sie die Finger von Hunden! Kaufen Sie sich lieber ein Raubtier!

Gehen Sie in sich. Fragen Sie sich, welcher Charakter zu Ihnen paßt. Mögen Sie einen Hund, der pausenlos in Aktion ist und Leben in die Bude bringt? Würde Sie vielleicht ein ganz ruhiger Vertreter nervös machen? Zumindest über die wichtigsten Wesensmerkmale sollten Sie sich Gedanken machen: Tempera-

Horrorgeschichten sind für die Sensationspresse ein „gefundenes Fressen". Diese „wilde Bestie"… ist in Wirklichkeit ein sanftes Lamm, das keinem Menschen (auch keinem anderen Hund) etwas zu leide tun würde. Das Greifen in den Schutzarm des Scheintäters setzt lediglich Beutetrieb und eine gesunde Portion physischer Härte voraus.

ment, Bewegungstrieb, Dominanzstreben, Unterordnungsbereitschaft, Wesensfestigkeit oder Ängstlichkeit, Schreckhaftigkeit, Scheu.

Selbst wenn Sie sich zutrauen, mit einem Kopfrüden – einem Alpha-Tier – fertig zu werden, wie denkt Ihre Frau darüber? Wenn Sie ein Grobian sind, brauchen Sie ein Exemplar, das etwas einstecken kann; sind Sie eher zart besaitet, wäre dieser Hund genau das Falsche für Sie.

Ich kennen keine Eltern, die zugeben, ihre Kinder schlecht erzogen zu haben. Falls Sie dennoch Zweifel hegen, ob Sie mit der Erziehung Ihres Hundes überfordert sein werden, sollten Sie sich für eine „leichtführige" Rasse entscheiden, auf ausgeglichenes Temperament achten und keine sehr ausgeprägten (z. B. jagdliche) Triebe in Kauf nehmen. Haben Sie noch keine Erfahrung mit Hunden und deren Erziehung, schaffen Sie sich nach Möglichkeit eine Hündin an. Hündinnen sind in der Regel leichtführiger, anhänglicher und weniger „stur" als Rüden.

Noch einmal: Prüfen Sie zunächst, was Sie und Ihre Familie von einem Hund erwarten; dann, was Sie bereit sind, ihm zu geben – (spielen Sie gerne Tennis, haben einen Home-Computer, eine Sauna im Keller und einen Pool im Garten, sollten Sie sich nicht auch noch einen Hund zulegen). Möchten Sie Ihren Lumpi überallhin mitnehmen oder haben Sie eine Oma, die während Ihres Urlaubs auf ihn aufpaßt? Und wohin wird er abgeschoben, wenn Oma krank oder nicht mehr da ist? Die Haltung eines Hundes bringt Verantwortung mit sich, an jedem der 365 Kalendertage! Wieviel Zeit – tagtäglich – sind Sie bereit und in der Lage, für ihn zu erübrigen? Wenn Sie Ausgänge, Futterzubereitung, Pflege, Tierarztbesuche etc. zusammenrechnen, reichen zwei Stunden pro Tag bei vielen Rassen nicht aus. Brauchen Sie überhaupt einen Hund?

Immer wieder wird der Bull Terrier von den Medien als „Kampfhund"
verteufelt. In Wirklichkeit hat mehr als ein Jahrhundert vernünftige
Zuchtwahl diese Rasse zu einem der liebenswertesten Familienhunde
gemacht.
Aber... er muß richtig gehalten und erzogen werden!

Wo kaufe ich?

Der Möglichkeiten gibt es viele. Die billigste ist sicher das Tierheim. Außer im niedrigen Preis liegt ein Vorteil darin (meist), das ausgewachsene Exemplar begutachten zu können. In wieweit das Bild, das Sie als Laie sich in wenigen Minuten machen, eine zuverlässige Aussage über seinen Charakter zuläßt, darf man getrost als Lotteriespiel bezeichnen. Zwei entscheidende Nachteile bieten arme Geschöpfe aus dem Tierheim immer:

1. Sie wissen nichts über sein Vorleben und
2. die Tatsache, daß er im Tierheim gelandet ist, besagt schon, daß mit ihm grobe Fehler gemacht wurden (die Sie nun – sofern das überhaupt möglich ist – korrigieren müssen).

Verstehen Sie mich bitte nicht falsch. Ich habe nichts gegen Tierasyle. Die Einrichtung ist nötig und gut. Sie hat aber zwei Haken: Zum einen macht sie es Leuten, die sich von einem Tier trennen wollen, zu leicht, und zum anderen verführt der niedrige Abgabepreis zu unüberlegten Käufen. Würden die Heime 500 oder 1000 Mark verlangen, käme kaum jemand auf den Gedanken, einen Hund oder eine Katze dort zu erwerben.

Eines der widerlichsten Gewerbe überhaupt ist das der Hundehändler. Wer diese – aus reiner Profitgier handelnden – Charakter-Schweine unterstützt, ist es nicht wert, einen Hund zu besitzen.

Ein anderer Weg führt zum Massenzüchter. Mit „züchten" hat dessen Tätigkeit allerdings nichts zu tun. Er ist „Hundevermehrer" und betreibt – wie ich es nenne – eine Welpenfabrik: Ein Wirtschaftsunternehmen, das mit dem geringstmöglichen Aufwand versucht, einen höchstmöglichen Gewinn zu erzielen. „Züchten" dagegen bedeutet, nach bestem Wissen und Gewissen bei jeder Paarung zu versuchen, die Qualität der Rasse zu verbessern.

Wie ist das mit den „Papieren"? Vorsicht! Eine Ahnentafel ist kein geschütztes Dokument. Jeder X-beliebige kann Ihnen einen Wisch ausstellen, auf dem die angeblichen Vorfahren aufgeführt sind. Auch kann jeder einen Verein mit einem hochtrabenden Namen gründen, der die Ausstellung eines solchen Abstammungsnachweises übernimmt und mit einem vertrauenerweckenden Stempel versieht. Oft sind diese „Papiere" nicht mehr wert, als das Papier, auf dem sie gedruckt sind.

Wenden Sie sich an den **Verband für das Deutsche Hundewesen (VDH)** in Dortmund. Dort gibt man Ihnen Anschriften der gewünschten Rassehundeclubs. Der **VDH** ist die Dachorganisation der Rassehundezuchtvereine und erläßt Rahmenbestimmungen für die Zucht. Dazu gehören vorrangig:

1. Gesundheit
2. Wesen (= Charakter)
3. Leistungsfähigkeit
4. Formwert (= rassetypisches Erscheinungsbild)

In puncto Gesundheit wird nicht nur verlangt, daß die Elterntiere frei sind von erblichen Krankheiten, Fehlern und Defekten. Das Mindest- und Höchstalter der Hündin, die einen Wurf gebären soll, ist ebenso festgeschrieben, wie die Anzahl der Würfe, die eine Hündin insgesamt haben darf. Angemessene Erholungspausen zwischen den Würfen sorgen dafür, daß Quantität nicht zu Lasten der Qualität geht.

Wesen und Leistung werden bei den Gebrauchshunderassen in speziellen Tests und Prüfungen beurteilt; der Formwert – der nicht nur etwas über „Schönheit" aussagt – von hierfür ausgebildeten Richtern. Das ist Sache der Zuchtvereine, welche die VDH-Zuchtordnung um solche Fakten erweitern, die für die einzelne Rasse von besonderer Bedeutung sind. Nehmen wir als Beispiel „fehlende Zähne". Stellt ein Zuchtverein fest, daß immer wieder Hunden immer mehr Zähne fehlen, wird man zunächst möglichst viele Tiere unter-

Kann ein solcher „Welpenauslauf" der Kontrolle eines Zuchtvereins genügen? Wohl kaum!

So zieht man keine Welpen auf! Steriler Wurfraum, reizarme Umwelt, kein Spielzeug, abseits vom Lebenszentrum des Züchters. Die dennoch mangelnde Hygiene wird auf dem Foto leider nicht sichtbar.

suchen, um ein Bild vom Ausmaß dieses Mankos zu bekommen. Sodann wird man die Zuchtbestimmungen verschärfen, indem man vorschreibt: Es darf nur noch mit Hunden gezüchtet werden, die ein vollständiges Gebiß haben; oder weniger drastisch – Zuchthunden dürfen maximal zwei Zähne fehlen.

Darüberhinaus hat der Zuchtverein (oder: Rasseclub) die Aufgabe der „Polizei", nämlich über die Einhaltung der Zuchtbestimmungen zu wachen. Ein solches Kontrollinstrument ist die „Wurfabnahme". Sind die Welpen etwa sieben Wochen alt, überprüft der Zuchtwart den Zustand der Mutterhündin und der Welpen, stellt Fehler, Mängel oder Krankheiten fest, überzeugt sich von der artgerechten Unterbringung und Ernährung etc. und erstellt einen entsprechenden Bericht (den Sie sich unbedingt vor Übernahme eines Welpen zeigen lassen sollten).

Legt sich jemand ein neues Auto zu oder eine Spülmaschine, läßt er sich Testberichte schicken, liest Fachzeitschriften, kurz, er informiert sich umfassend. Ein Hund, der unser ganzes Leben verändert und das über viele Jahre hinweg, wird oft gekauft wie eine Schachtel Zigaretten (und dann manchmal, wie eine solche, wenn sie leer ist, weggeworfen).

Welpenauswahl
Für einen Welpen nimmt Ihnen der Züchter 1000 oder 2000 Mark ab. Sie haben nicht nur das Recht, sondern auch die Pflicht, ihn mit Fragen zu durchlöchern. Dem seriösen Züchter wird das gefallen: Er freut sich über Ihren Wissensdurst und Ihr Interesse. Meist hat er nämlich mit stupiden Interessanten zu tun, die sich ausschließlich nach Schutzimpfungen und Wurmkuren erkundigen. Das ist zwar wichtig, aber ist so, als würde man beim Kauf eines Rolls Royce nur über die Abmessungen des Aschenbechers diskutieren.

Der Kaufpreis eines Welpen – selbst wenn er außerordentlich hoch sein sollte – ist nur ein Bruchteil dessen, was der Hund Sie später kosten wird. Rechnen Sie Futter, Pflege, Reinigung, Tierarzt, Steuer, Versicherung etc. einmal zusammen, kommt am Ende eines Hundelebens ein erstaunliches Sümmchen zusammen.

Schauen Sie sich den Züchter genau an! Besuchen Sie auf jeden Fall mehrere. Wo hat er seine Welpen untergebracht? In einem Raum weitab vom Lebenszentrum seiner Familie oder gar in einem Zwinger? Oder leben die Hunde in seiner Wohnung hautnah mit den Menschen zusammen und sind so schon auf diese geprägt? Wenn bei Ihnen auch nur der leiseste Zweifel an seiner Lauterkeit aufkommt, sollten Sie sich verabschieden. Ein Züchter, der Ihnen ‚profihaft' erscheinen mag, muß nicht schlecht sein. Er hat mehr Erfahrung als jemand, der sich als Hobbyzüchter bezeichnet, nur weil er glaubt, mit seiner Hündin „mal einen Wurf machen zu müssen", außerdem hat der Profi meist einen guten Ruf zu verlieren.

„Den haben wir ausgesucht, weil er ganz spontan auf uns zukam." Oder: „Wir haben uns für diesen entschieden, weil er immer ruhig in der hintersten Ecke lag." . . . , weil er der „Dickste, der Kleinste oder der Kräftigste . . . usw., usw.". Solche Momentaufnahmen sagen wenig aus.

Namhafte Autoren wie Aldington, Campbell, Ochsenbein, Trumler u. a. beschrieben schon vor vielen Jahren Testmethoden für Welpen, die eine zuverlässige Vorhersage bezüglich der wichtigsten Wesenseigenschaften ermöglichen. Mit relativ einfachen Tests läßt sich am etwa sieben Wochen alten Welpen erkennen, ob er eher dominant oder unterordnungsbereit sein wird; eher sicher oder unsicher oder gar ängstlich; eher temperamentvoll oder ruhig; und wie es um seine ‚Menschbezogenheit' bestellt ist. Gewisse Teilbereiche, die für den Welpeninteressenten wichtig sein können, lassen sich ebenfalls erkennen, z.B. Aufmerksamkeit und Beutetrieb bei einem Jagdhund.

Ein solcher ‚Welpentest' sei kurz beschrieben.

Die Welpen werden an einen ihnen unbekannten Ort gebracht. Eine Wiese oder Weide, auf der man ungestört ist, eignet sich am besten. In der Regel wird man das Testgelände mit einem Auto aufsuchen, wobei die Mutterhündin mitfährt. Die wartenden Welpen und die Mutter verbleiben im Wagen.

Der Züchter und andere Personen, die den Welpen bekannt sind, halten sich außerhalb des Wahrnehmungsbereiches des Welpen auf, der gerade geprüft wird. Der Tester benötigt eine Hilfsperson.

Welpentest

I. Der Kandidat wird vom Helfer in die Mitte des Testgeländes gesetzt. Tester und Helfer entfernen sich von ihm in entgegengesetzten Richtungen.

Wie verhält sich der Welpe?
Bleibt er regungslos / erkundet er zaghaft oder vorsichtig seine Umgebung / wird er sofort aktiv / rennt er hinter Tester oder Helfer her? Was drückt seine Körperhaltung aus: Angst / Unsicherheit / Mißtrauen / Vorsicht / Neugier / Begeisterung? Bewegt er sich frei / zaghaft / gehemmt?

II. Tester und Helfer nähern sich dem Welpen aus entgegengesetzten Richtungen kommend bis auf vier Meter und bleiben untätig stehen.

Kommt der Welpe nicht von selbst zu ihnen, gehen sie in die Hocke. Hilft das auch nicht, wird er nur durch Händeklatschen gelockt. Danach rufen die beiden am Welpen abwechselnd zu sich.

Wie verhält sich der Welpe?
Ist er von Menschen begeistert / fordert er zum Spiel auf / interessieren ihn Menschen nicht oder kaum / ist seine Umwelt für ihn interessanter / nähert er sich spontan oder vorsichtig oder zögernd oder unterwürfig?

III. Mit geeignetem Spielzeug (Bällchen, kleine Pappschachteln o.ä.) stellt man fest, ob dieses als ‚Beute' angenommen und ggf. transportiert wird.

Wie ist der ‚Beutetrieb' entwickelt?
Nimmt er die Beute sofort an / bringt sie ‚in Sicherheit' / verteidigt sie / gibt sie nicht mehr her.

Bringtrieb / Menschbezogenheit – kommt er mit der Beute zum Menschen, wenn er gerufen / gelockt wird?

IV. Der Welpe wird an mindestens je drei optische und akustische Hilfsmittel sowie an mindestens zwei optisch / akustische herangeführt. Optisch = z.B. Luftballons, flatternde große Tücher, sehr große Puppen. Akustisch = z.B. Hupen, Rasseln, alles was ungewöhnliche Geräusche produziert. Optisch / akustisch = z.B. Spielzeuge zum Aufziehen, Heulkreisel, mit Steinen gefüllter Blecheimer, der an einer Kordel gezogen wird.

V. Der Tester umfaßt mit beiden Händen den Brustkorb des Welpen unmittelbar hinter dessen Schulter und hält ihn mit möglichst ausgestreckten Armen so in der Höhe, daß ihm der Rücken des Welpen zugekehrt ist.

Ist der Welpe entspannt / läßt er es über sich ergehen / verkrampft er sich / wedelt die Rute / wehrt er sich zappelnd / knurrend / beißend?

VI. Der Welpe wird irgendwo angebunden. Die Menschen entfernen sich. Sind seine Versuche sich zu befreien wild / wütend oder weint er? Nach wieviel Zeit ergibt er sich in sein Schicksal?

Sofern bestimmten Wesenseigenschaften eine besondere Bedeutung beigemessen wird, kann der Test beliebig erweitert werden.

Uns interessiert zunächst das Wichtigste:

Temperament – nicht zu verwechseln mit Bewegungstrieb. Ein extrem lebhafter Hund kann ebenso strapaziös sein wie ein extrem ruhiger. Das gesunde Mittelmaß ist erstrebenswert: Ausgeglichenes Temperament!

Beneidenswerte Setter-Welpen! Ideale Aufzuchtbedingungen im Zwinger „Skibberen". Aufzucht im Wohnbereich der Familie – in Menschennähe. Gesunde, gepflegt wirkende Welpen, die frühzeitig sozialisiert werden. Weiträumiger Auslauf – hier macht „Hund-sein" richtig Spaß!

Dominanz und Unterordnungsbereitschaft. Hier gilt das gleiche. Sie wollen wahrscheinlich keinen Hund, der später alle Art- und Meutegenossen (zu denen Sie auch zählen) zu unterwerfen versucht. Andererseits widerstrebt Ihnen ein Exemplar, das sich allem und jedem unterwirft. Duldsam sollte er dennoch sein.

Selbstsicherheit. Der sichere und unerschrockene Hund muß weder ein Draufgänger noch ein Raufer sein. Für den unsicheren oder gar ängstlichen Hund kann das Leben zur Qual werden. Dabei ist es unerheblich, ob sich diese Unsicherheit oder Angst im optischen oder akustischen Bereich zeigt (Gewitter, Silvesterfeuerwerk) oder Menschen gegenüber, was man dann mit ‚Scheue' bezeichnet. Im Extremfall gerät der ängstliche Hund leicht außer Kontrolle (erhöhte Fluchttendenz) oder wird zum Angstbeißer.

Menschbezogenheit ist weniger erbabhängig als die vorgenannten Punkte, sondern entsteht zu einem höheren Grad durch ‚Prägung'. Was der Züchter u. U. versäumt hat, kann man nur zum Teil nachholen. Dies gilt um so mehr, je älter der Welpe ist.

Noch ein guter Rat: Überspannen Sie Ihre Anforderungen nicht. Man sollte immer „die Kirche im Dorf lassen". Auch Hunde sind – wie wir Menschen – „fehlerhaft", unterliegen ihren Stimmungen, haben einmal „einen schlechten Tag". Es gibt so manchen „testgeschädigten Welpen", auf Grund des Unverstandes der Züchter und „Tester".

Ein guter Züchter hat viele Stunden mit seinen Welpen verbracht und sollte die Veranlagungen jedes einzelnen – auch ohne Test – genau kennen. Wenn es ihm nicht nur darum geht, Welpen zu verkaufen, wenn er zufriedene Welpenkäufer haben möchte und damit auch glückliche Hunde, wird er Sie ehrlich beraten.

Teilen Sie ihm Ihre Vorstellungen und Wünsche detailliert mit, anstatt auf einem Wahlrecht zu beharren.

„Guten Morgen...
unsere Geschwister? –
Die pennen noch
im Welpenhaus!"

II DIE ERSTEN SCHRITTE

Sie haben dieses Buch erstanden, weil Sie wissen, daß erst der Ausbilder etwas lernen muß, bevor er seinem Hund etwas beibringen kann. Hundeausbildung ist also zunächst einmal ,Ausbildung des Ausbilders'. Ihr kleiner Freund kann nur soviel – oder so wenig – lernen, wie Ihre Kenntnisse und Fähigkeiten es ihm ermöglichen... Lassen Sie uns vorab ein beliebtes Ammenmärchen etwas näher beleuchten:

Ein Hundejahr entspricht sieben Menschenjahren
Solche Volksweisheiten sind geeignet, ganze Völkerstämme zu verdummen. Ein Hundeleben ist mit dem des Menschen in keiner Weise vergleichbar. Ganz abgesehen davon, daß Hunde bedeutend älter werden, als es Menschen nach dieser ,7 zu 1'-Theorie vergönnt ist (eine bekannte Labrador-Hündin verstarb kürzlich im Alter von 23 Jahren, zwei Monaten und neun Tagen; von Pudeln sind zahlreiche Fälle belegt, in denen das 25. Lebensjahr überschritten wurde).

Schon bei seiner Geburt ist der Welpe viel weiter entwickelt als das Menschenkind. Er kann sich bereits zielgerichtet fortbewegen – nämlich in Richtung Milchbar, zu den Zitzen also – oder in Richtung Wärme. Russische Wissenschaftler behaupten sogar, mit einem Experiment beweisen zu können, daß unmittelbar nach der Geburt der Geruchsinn bereits funktioniere. Vor der Geburt rieb man das Gesäuge der Hündin mit Anisöl ein. Die Neugeborenen strebten wie üblich zu der Milchquelle. Am nächsten Tag hielt man ihnen einen in Anisöl getauchten Wattebausch vor die Näschen, und sie krabbelten dem sich entfernenden Geruch eifrig suchend hinterher.

Wenn man den Russen glauben darf, würde das Experiment nicht nur beweisen, daß der Geruchsinn schon so früh intakt ist; es würde auch beweisen, daß der Welpe bereits ein Gedächtnis hat, in dem er

Informationen speichern kann. Im Vergleich zum neugeborenen Menschen eine eindeutige Überlegenheit!

Betrachten wir die weitere Entwicklung des Hundes, fällt uns bald etwas anderes auf: Mit knapp neun Monaten ist er – was seine Körpergröße (Risthöhe) betrifft – ausgewachsen. Stellen Sie sich dagegen ein fünfjähriges Kind vor. In die gleiche Zeit fällt die erste Hitze der jungen Hündin, nach der sie – sofern gedeckt – ohne weiteres Welpen in die Welt setzen kann. Die männlichen Caniden sind oft schon mit fünf Monaten geschlechtsreif und zeugungsfähig. Aber Hunde sind nicht nur viel früher ,reif' als wir. Viele ihrer Fähigkeiten bewahren sie bis ins hohe Alter. Von einem berüchtigten Hundevermehrer aus dem Ruhrgebiet wissen wir, daß eine seiner Setterhündinnen elfjährig noch einen Wurf von sieben Welpen bekam. Rechnen Sie einmal um...

Dies und vieles andere widerspricht der ,7 zu 1'-These. Wie kommt es denn, so fragt man sich, daß die Ansicht sich so hartnäckig hält, die Ausbildung eines Hundes habe mit einem Jahr zu beginnen – in einem Alter also, in dem wir (nach 7:1) auch unsere Kinder zur Schule schicken?

Einer der Gründe hierfür liegt in den alten Ausbildungsmethoden begründet. Früher wurde nach der ,Parforce'-Methode abgerichtet (franz.: par force = par – durch; force – Gewalt, Kraft, Stärke). Die (wörtliche) Übersetzung sagt schon alles; salopp formuliert: Die Ausbildungsziele wurden sozusagen hineingeprügelt...

Das läßt sich natürlich nicht mit einem Welpen oder Junghund machen. Im Gegenteil. Soll der Lehrling nicht völlig an dieser Art der Behandlung zerbrechen, muß er sowohl körperlich wie geistig erwachsen sein.

Selbst heute – im Zeitalter des Fortschritts und der Erneuerungen –

befleißigen sich noch viele Ausbilder mehr oder weniger dieser Art des Lehrens; sei es aus mangelndem Wissen, oder weil es so einfach ist, an Althergebrachtem festzuhalten, sei es, weil zeitgemäße Hundeausbildung ein wenig geistige Anstrengung erfordert.

Der zweite Grund, warum mit der Ausbildung so spät begonnen wird: Man ging früher davon aus, das Wachstum des Gehirns eines Hundes verlaufe in etwa parallel zu dem seines Körpers. Den Ausbildungsstart setzte man dementsprechend mit neun Monaten an, und weil man um die Risiken der ‚Parforce‘ – und ähnlicher Methoden wußte, gab man großzügigerweise noch drei Monate zu.

Dr. J. Paul Scott – der ‚Erfinder‘ der modernen Hundeausbildung
Mehr als drei Jahrzehnte liegen zurück, daß Dr. J. P. Scott, Sozialpsychologe und Direktor der Versuchsanstalt für tierische Verhaltensforschung an der B. Jackson Universität in Maine, USA, von der amerikanischen Blindhundgesellschaft einen Forschungsauftrag übernahm, dessen Ziel darin bestand, die Ausbildungsmethoden für Blindenhunde zu verbessern.

Die Erkenntnisse aus dieser Arbeit (später vervollständigt und untermauert durch Fuller, Pfaffenberger und andere), stellen eine Revolution auf dem Ausbildungssektor dar.

Die Wissenschaftler konnten beweisen:

Das Gehirn eines Caniden ist nach 40 Tagen ausgewachsen! Die Lernfähigkeit eines Hundes ist bis zum Ende seiner sechzehnten Lebenswoche am größten und nimmt danach rapide ab.

Hunde, die bis zur sechzehnten Woche isoliert aufwachsen, sind nicht fähig, später mehr als einfache Lernziele auszuführen und schon gar nicht in der Lage, komplexe Aufgaben – wie die eines Blindenhundes – zu erlernen.

Nach Scott's Forschungsergebnissen beginnt die Ausbildung am neunundvierzigsten Tag. Keinen Tag früher und keinen Tag später!

In den amerikanischen Blindenhundschulen konnte daraufhin nicht nur die Leistungsfähigkeit der einzelnen Führhunde erheblich verbessert werden, auch der Anteil der Hunde, die die Abschlußprüfung bestehen, schnellte von knapp 60 auf über 90 % empor.

Für einige erfahrene Zirkusleute freilich waren diese Erkenntnisse aus der modernen Verhaltensforschung nicht neu. Sie wußten längst, herausragende Dressurerfolge können nur erzielt werden, wenn
a) das Tier frühzeitig sozialisiert und
b) auf den Ausbilder fixiert wird, und
c) die Ausbildung in frühester Jugend einsetzt.

Zu parallelen Ergebnissen kam der angesehene Verhaltensforscher Eberhard Trumler (Das Jahr des Hundes).

Holen Sie Ihren Welpen ab, wenn er sieben Wochen alt ist! Das ist kein allgemeines Geschwätz, es ist wissenschaftlich bewiesen.

Viele Hundefreunde werden der Ansicht sein, der Welpe brauche in diesem Alter noch seine Mutter. Das stimmt. Er braucht dringend ein Gefühl der Sicherheit und Geborgenheit, und das ist das einzige, was er von seiner Mutter dann noch braucht. Dieses Gefühl bekommt er nun von Ihnen vermitelt. Sie geben ihm Schutz, Wärme, Futter und spielen mit ihm. Das ist die Basis für eine enge, vertrauensvolle Bindung. Er lernt zum richtigen Zeitpunkt, daß Ihre Familie sein Rudel ist.

Die Phase dieser Prägung endet mit etwa zwölf Wochen. Bleibt er bis zu diesem Zeitpunkt beim Züchter und hat wenig Menschenkontakt, wird er auf seine Artgenossen geprägt: zeitlebens werden ihm seine Artgenossen näher stehen als der Mensch – auch als Sie, sein Herrchen!

Diese zwei – Bernhardiner und Kind – sind in der Theorie „gleichaltrig". Anabelle v. d. Bedburger Schweiz, – wenig älter als ein Jahr – Liane Teckentrup, kaum älter als sieben Jahre. – Annabelle wiegt gut doppelt so viel wie Liane. Wäre sie bei der ersten Hitze – als sie neun Monate alt war – gedeckt worden, könnten wir sie hier schon als stolze Mutter vorstellen!

Die Ausbildungs-Pyramide

Ausbildung ist wie eine Pyramide. Auf einer großen Grundfläche werden wir Tag für Tag Stein an Stein zusammenfügen und recht langsam an Höhe gewinnen. Je höher die Spitze unserer Pyramide werden soll, um so größer und stabiler muß die Grundfläche sein.

Bevor wir in die Hände spucken und mit dem Bau beginnen, brauchen wir einen festen Untergrund, eine stabile Basis. Unser Bauwerk soll weder in einer Moorlandschaft, noch auf Treibsand stehen.

Der Fels, auf dem wir unser Monument erschaffen, besteht aus zwei Komponenten. Die eine ist das vollkommene, uneingeschränkte Vertrauen unseres Lieblings zu uns, das wir Schritt für Schritt aufzubauen haben. Die andere Komponente wird von den Engländern „the will to please" genannt. Wir würden sagen, „der Wunsch, gefällig zu sein".

Wie Sie wissen, stammen unsere Bella's und Bosco's von den Wölfen ab und sind – wie diese – ausgesprochen soziale Lebewesen (viel sozialer als wir Menschen übrigens, von denen die weitaus meisten nur ihren persönlichen Nutzen im Kopf haben). Wölfe sind Rudeltiere, und ein Wolfsrudel würde nicht überleben, wenn nicht jedes seiner Mitglieder in erster Linie der Gemeinschaft diente. Sozial bedeutet eben ‚gemeinschaftsfördernd'. Daher rührt der „will to please", das tief in der Erbmasse verankerte Bestreben, dem Rudel zu dienen.

Können Sie bei Ihrem Liebling diesen Wunsch, Ihnen gefällig zu sein, nicht ausmachen, so hat das seinen Grund. In den häufigsten solcher Fälle fehlt es an der Prägung auf den Menschen. Oder es ist Ihnen nicht gelungen, ihm Ihre Familie als sein Rudel zu verkaufen.

Warum wir heute starten – und nicht erst übermorgen

Wie wir von Dr. Scott und seinen Kollegen wissen, steht uns nur ein begrenzter Zeitraum zur Verfügung: Am Ende der 16. Lebenswoche ist der Welpe geprägt – nicht nur auf seine Umwelt, auch Lernbereitschaft und Lernfähigkeit sind geprägt. Versäumtes ist dann nicht mehr nachzuholen.

Fangen wir gleich an, lernt der Hund spielerisch. Im Spiel lernen bedeutet freudig lernen. Der Auszubildende kommt dabei gar nicht auf den Gedanken, etwas tun zu sollen oder zu müssen, weil der Ausbilder dies will. Er tut es von selbst, im Spiel. Er kommt selbst auf die Idee und ist dann ganz begeistert, etwas getan zu haben, was Ihnen Freude bereitet. So lernt er zu lernen – von Ihnen zu lernen. So wird Lernen für ihn zum Lebensinhalt – auf natürliche Weise.

Lernen würde er sowieso, wie das eingangs erwähnte Experiment mit dem Anisöl verdeutlicht. Der Unterschied, ob Sie mit seiner Ausbildung sofort anfangen oder warten, besteht nur darin, ob er oder Sie bestimmen, was er lernt. Geben Sie ihm keine Chance, irgendwelche Dummheiten zu lernen. Warten Sie nicht, bis er seinen Schädel vollgestopft hat mit unnützem Zeug wie Pfötchen geben oder Türen öffnen. Fangen Sie an – sofort!

Einem Welpen klarzumachen, wer der Boss – das Alpha-Tier – ist, bedeutet keine Schwierigkeit. Doch mit jedem Tag, den Sie warten, wird das problematischer. Denken Sie nicht: ‚Ach das liebe kleine Kerlchen'. Das liebe kleine Kerlchen wird in wenigen Wochen ein ausgewachsener Flegel sein.

An unseren Hundeführerlehrgängen nehmen oft Leute teil, die ihren Hund zu einem Chaoten erzogen haben, weil sie ihn nicht erzogen. Dies sind Führer, die von ihrem Hund mit der Zeit dazu erzogen wurden, auch die unangenehmsten Verhaltensweisen zu tolerieren und zu dulden. Für einen Besitzer, der seinem Liebling alles durchgehen ließ (und ihn auf diese Weise dazu erzog, eine höhere Rangstelle im Rudel einzunehmen, als er selbst innehat), wird es, je nach Veranlagung des Tieres, einen dauernden Kampf bedeuten – auf ewig.

Für jeden, der sich einen Welpen anschafft, ist es selbstverständlich, sofort – vom ersten Tag an – mit der Erziehung zur Stubenreinheit zu beginnen. Dieses ‚Lernziel' (nämlich stubenrein zu werden) ist für den kleinen Kerl viel, viel schwieriger als ein SITZ oder ein KOMM-Kommando auszuführen. Auch an den ‚Ausbilder' stellt es viel höhere Anforderungen, wie wir gleich sehen werden.

Es ist überhaupt nicht einzusehen, warum ein Welpe SITZ, KOMM und BLEIB nicht ebenso schnell lernen soll wie die Stubenreinheit.

Umweltgestaltung für den Hund
Wie wir gesehen haben, sollte der Welpe bereits beim Züchter an eine ‚reiz-reiche' Umwelt gewöhnt werden; ausgiebigen Kontakt zu Menschen haben und viel Zuwendung erfahren. Diese Aufgaben liegen nun in Ihren Händen.

Der sieben oder acht Wochen alte Welpe erlebt seine Umwelt (noch) voller Vertrauen. (Später wird er eine Periode der Unsicherheit und des Mißtrauens durchleben.) Darum ist es so wichtig, ihn so früh wie möglich an all' die schrecklichen Dinge zu gewöhnen, auf die er eines Tages in der großen weiten Welt sowieso stoßen wird. Gewöhnen Sie ihn vorsichtig – ohne ihn zu erschrecken – an alle möglichen Geräusche (vom fallenden Kochtopfdeckel bis zum Staubsauger, von der Fahrradklingel bis zur heulenden Sirene); ebenso an optische Einflüsse wie flatternde Plastikvorhänge, glänzende Folien oder Luftballons.

Zum frühestmöglichen Zeitpunkt soll er auch andere Tiere kennenlernen (Katze, Schaf, Pferd, Rind etc.). Das Spiel mit gleichaltrigen Artgenossen, beim Verlassen des Züchters abrupt abgebrochen, ist das Wichtigste. Hatte er eines seiner Geschwister beim Spiel zu fest gezwickt, tat ihm dieses – je nach Veranlagung – entweder durch zorniges Zurückbeißen kund, „das lasse ich mir nicht gefallen", oder durch weinendes Jau-

Reiz-reiche Umwelt! Sieben Wochen alte Setter-Welpen werden an das Geräusch des Staubsaugers gewöhnt. Flatternde Tücher und Folien, fallende Kochtopfdeckel, platzende Luftballons, knallende Brötchentüten sorgen dafür, daß diese Welpen später weder von Blitz noch Donner zu erschüttern sein werden.

Welpenaufzucht auf dem Bauernhof. Für diese (Flat coated Retriever-) Welpen sind Hühner noch interessant, aber sie werden nie auf die Idee verfallen, Federvieh zu jagen oder gar zu killen.

len „mit dir spiele ich nicht mehr"; in krassen Fällen griff sogar Frau Mutter ein. Solches Lernen prägt den Welpen – wie wenn ein Kind sich die Finger an der Herdplatte verbrennt.

Überreden Sie Ihren Züchter, nach der Welpenabgabe noch mindestens sechs oder acht ‚Welpentreffs' im Abstand von einer Woche zu organisieren, bei denen die Kleinen ungezwungen toben können, wobei die Mama nach dem Rechten sieht.

Verhaltenstraining

Hunde-Ausbildung erschöpft sich keineswegs darin, gegebene Kommandos auszuführen! (Ein richtig erzogener Hund wird Ihnen förmlich von den Augen ablesen, welches Verhalten Sie von ihm erwarten, sodaß es gar nicht erst zu einer Vielzahl von Kommandos kommt.) Ergo kann es nicht genügen, Ihrem Freund die Bedeutung der Kommando-Worte klar zu machen und deren Ausführung zu erwirken. Die eigentliche Erziehung – besonders die prägende Früherziehung im Welpenalter – steuern wir durch unser gesamtes Verhalten! Wie unbewußt und oft falsch im Sinne der Prägung auf den Besitzer dies geschieht, sei an einem Beispiel erläutert.

Bei Spaziergängen lassen wir unseren Vierbeiner meist frei laufen. Das Lauftier Hund freut sich, so richtig losdüsen zu können und seine Nase – das bestausgebildete seiner Sinnesorgane – nach Herzenslust zu benutzen. Wir erfreuen uns an dem Anblick, der soviel Spaß und Lebensfreude ausdrückt.

Für den Hund sind das die schönsten Minuten des Tages, die wertvollsten Stunden seines Lebens. Und was tun wir? Wir beobachten ihn... darauf beschränkt sich unsere passive Beteiligung an dem, was für ihn das Wichtigste ist. Wenn wir uns einbeziehen in diesen lustvollen Erlebnisbereich, würden wir erreichen, daß er dieses positive Erleben auf uns bezieht, daß wir ein Teil dessen werden, was für ihn das Größte ist.

Spielen Sie Nachlaufen oder Verstecken mit ihm, oder werfen Sie einen Tennisball, den er holen wird. Wenn Sie ihn sich selbst überlassen, fördern Sie nur seine Unabhängigkeit.

Den unvermeidlichen Verboten und Restriktionen, zu denen wir nun kommen, muß mindestens das gleiche Maß an freud- und lustvollen Einflüssen gegenüberstehen.

Bestimmte Verhaltensweisen Ihres Welpen, die Ihnen nicht zusagen, sollten Sie von Beginn an unterbinden. Machen Sie ihm unmißverständlich klar, daß er nicht an Ihnen hochspringen und Ihre Kleidungsstücke zerfetzen darf.

Erwünschtes Verhalten hingegen wird immer gefördert: Hält Ihr Kleiner ständig etwas im Fang und trägt Ihnen alles mögliche zu, haben Sie ihn auch dann ausgiebig zu loben, wenn es sich um das Weihnachtsgeschenk Ihrer Gemahlin – die neuen Krokoschuhe – handelt.

Ein schüchternes ‚Mausilein' in einen Wattebausch zu verpacken und bei jedem Anflug von Unsicherheit beruhigend zu streicheln, bewirkt das Gegenteil des Erwünschten: Das arme Tier muß (es gibt keine andere Möglichkeit der Interpretation) die Liebkosungen und Streicheleinheiten als Lob für seine Angst empfinden. Ignoriert man seine Ängstlichkeit und zeigt Stärke, indem man mit dem Hund forsch auf das bedrohliche Objekt (oder Geräusch) zugeht, wird er mit der Zeit lernen, wie grundlos seine Furcht ist.

Einem wilden Raufer Gelegenheit zu geben, sich so zu verhalten, ist unverantwortlich. Bringt man den Betreffenden oft mit fremden Hunden zusammen, um ‚Wohlverhalten' regelrecht zu üben, stellt man schnell Besserung fest.

Stubenreinheit

Sofern Sie an einen Züchter geraten sind, der Ihnen einen garantiert stubenreinen Welpen versprach, oder an einen, der das Problem herunterspielte – machen Sie sich keine Illusionen. Stubenreinheit müssen Sie (von ganz wenigen Ausnahmen abgesehen) anerziehen.

Wenn Ihr Neuankömmling sein Geschäft auf Ihrem Teppich verrichtet, oder an einem anderen Ort, der Ihnen nicht geeignet erscheint, werden Sie etwas unternehmen. Manch einer schimpft, schreit, droht; es soll sogar Leute geben, die den kleinen Kerl mit der Nase in seine Hinterlassenschaft zerren.

Die Probleme mit der Stubenreinheit beginnen in den ersten Stunden im neuen Heim. Wenn Sie gleich losbrüllen, schaffen Sie eine miserable Basis für das Vertrauen, das Sie aufzubauen haben. Der Hund kann noch gar nicht wissen, daß er etwas verkehrt gemacht hat. Falls er sein Geschäft im Haus verrichtet hat, ist das Ihre Schuld und nicht die seine. Denn Sie müssen wissen, daß nach jedem Fressen, Schlafen, Spielen damit zu rechnen ist. Bringen Sie ihn – von der ersten Minute an – nach jedem Füttern, Schlafen oder Spielen an den Ort, wo er sich lösen soll! Nehmen Sie ein Leckerchen mit, warten geduldig bis es geschehen ist, dann loben Sie ihn ausgiebig und geben ihm sein Leckerli.

Warum muß es erst ein unerwünschtes Verhalten geben (daß er ins Haus pinkelt), um ein erwünschtes Verhalten zu erreichen (daß er es draußen tut)? Gewöhnen Sie ihn von Anfang an daran, das Richtige zu tun.

Hündinnen sind in der Regel früher stubenrein als Rüden. Gehen Sie nach jedem Füttern, Schlafen und Spielen konsequent nach draußen, beschränken Sie die Anzahl der ‚Unglücke' auf ein Mindestmaß, werden Sie auch einen männlichen Welpen in kürzester Zeit soweit haben. Ist es trotz aller Umsicht „mal zu einem Unglück gekommen" – wahrschein-

Zu spät! Wenn es geschehen ist, ist jedes Schimpfen sinnlos; denn er kann den Zusammenhang zwischen Schimpfen und Pinkeln nicht herstellen. Könnte er es, müßte er – um Sie zu verstehen – darüberhinaus begreifen, daß pinkeln nur an diesem Ort unerwünscht ist. Selbst wenn Ihr Welpe ein Wunderkind sein sollte und das auch begriffen hat, wird es bei nächster Gelegenheit wieder passieren – an einem anderen Ort – 50 cm entfernt auf dem gleichen Teppich!

lich auf Ihrem Teppich – reiben Sie die betreffende Stelle gut ab und verhindern Sie durch Einsatz eines Geruchskillers, daß ihn der Geruch zu weiteren Unsitten an dieser Stelle verleitet.

...und nachts?

Anfangs kann der Kleine noch nicht die ganze Nacht durchhalten. Mit einem Tuch (ein alter Bademantel eignet sich vorzüglich) reiben Sie die Stelle im Garten, an der er gerade gepinkelt hat, ab, damit der Stoff den Uringeruch aufnimmt, und legen Sie ihm dies als seine Nacht-Toilette an einen geeigneten Ort im Hause.

Die Zeit, die Welpen brauchen, um feste Nahrung zu verdauen, kann

Frauchen wartet geduldig, bis „es" an der gewünschten Stelle geschieht. Unmittelbar danach bekommt der Welpe seine verdiente Belohnung.

von einem Individuum zum anderen stark unterschiedlich sein. Kommt es regelmäßig zu nächtlichen Häufchen, sollte man die Futterzeiten (der Festnahrung) entsprechend ändern.

Autofahren

Die meisten Welpen vertragen das Autofahren nicht auf Anhieb. Auch hier ist der umsichtige Züchter gefordert, weil sich sechs Wochen alte Welpen schnell und problemlos an diese Art der Fortbewegung gewöhnen lassen. Er lädt den ganzen Wurf und die Mutterhündin in seinen Kombi, um nach kurzer, behutsamer Fahrt eine Spielwiese aufzusuchen – einen Ort, wo sich für die Kleinen etwas Positives ereignet. Durch das Zusammensein mit Mutter und Geschwistern fällt es den Welpen leicht, den psychologischen Streß zu überwinden.

Sofern sich bei Ihrem Kleinen Probleme beim Autofahren einstellen, sollten Sie ein Gewöhnungsprogramm erstellen: Beginnen Sie mit kurzen Fahrten. Kurven und häufiges Bremsen und Anfahren sind Gift für ihn. Am Ende der Fahrt soll immer etwas Interessantes auf ihn

warten. Das kann die Spielwiese sein, ein Treffen mit Gleichaltrigen, ein kleiner Spaziergang oder ähnliches.

Bei extremer Angst vor dem Auto können Sie täglich einige Minuten mit dem Junghund im stehenden Auto spielen, bevor Sie ihm dort sein Futter reichen. Nach einer Woche spielen Sie mit laufendem Motor, stellen diesen aber ab, während er frißt. In der nächsten Woche frißt er bei laufendem Motor. Eine weitere Woche später steht vor dem Spielen und Fressen eine Mini-Geradeaus-Fahrt usw.

Von Anfang an sollten Sie ihn an seinen Platz in Ihrem Pkw gewöhnen. Kleine und mittlere Rassen gehören in den Fußraum des Beifahrers. Für größere Rassen sollte nur die Ladefläche eines Kombis in Frage kommen. Die Rücksitze sind der denkbar ungünstigste Platz für einen Hund – bei einer Vollbremsung fliegt er Ihnen womöglich durch die Frontscheibe.

Achten Sie darauf, daß der Hund nicht gleich aus dem Wagen springt, sobald die Türe oder Heckklappe geöffnet wird. Bei meinem Ältesten hatte ich das versäumt: Eines Tages

Durch frühzeitiges Training: Absolut „autofest"!

landete er mitten im Verkehrsgewühl des Kurfürstendamms. Daß er überlebte, verdanken wir nur der Blitzreaktion eines begabten Porschefahrers.

Das Aus-dem-Fenster-schauen ist – entgegen landläufiger Meinung – nur ganz selten ein Grund, warum das Autofahren nicht vertragen wird. Die elektrische Aufladung des Wagens ist da schon häufiger die Wurzel für Übelkeit. Hier hilft ein Asbeststreifen, der an der Karosserie befestigt – die Straße berührt.

Familienausflüge ab frühester Jugend lassen Hunde schnell „autofest" werden.
Später werden Hunde oft zu echten „Autofans".

Ausbildungsplan für Welpen

Wir wollen nicht von der optimalen Voraussetzung ausgehen, daß Sie Ihre Welpen bereits mit sieben Wochen bekommen. Leider geben die meisten Züchter ihre Welpen erst mit acht Wochen oder noch später ab, werden hierzu noch von der durch Unwissen bedingten Sturheit mancher Zuchtvereine gezwungen.

1. Phase
7./8. bis 12. Woche (49. bis 84. Tag)

Ein Welpe lernt einiges ganz von selbst, z. B. daß es bald Fressen geben wird, wenn er Sie mit seiner Futterschüssel hantieren hört. Die zeitliche Verbindung dieses Geräusches mit dem lustvoll empfundenen Fressen speichert sich ohne unser Zutun in seinem Gedächtnis. Darum ist Ausbildung so leicht, denn hierbei geschieht nichts anderes als: Das Geräusch (= Kommando) wird mit etwas Lustvollem (Lob, Spielen, Leckerchen) in Verbindung gebracht.

Jeder Welpenbesitzer beginnt – meist unbewußt – mit der Erziehung, indem er seinen Zögling mit Verboten belegt und versucht, ihn stubenrein zu bekommen. Wir gehen drei Schritte weiter: Alles was wir tun, geschieht bewußt und zielgerichtet. Die Grundkommandos KOMM, NEIN, SITZ und die Konzentrationsübung STEH lehren wir auf spielerische Weise. Am Ende der zwölften Woche müssen wir soweit sein, daß er diese Kommandos in Ihrer Wohnung und im Garten (also dort, wo nur geringe Umweltreize – Verleitungen – ihn ablenken) zuverlässig ausführt.

2. Phase
13. bis 16. Woche (85. bis 112. Tag)

Das bereits Gelernte, wie KOMM, SITZ und NEIN (= Verbot-Kommando) wird nun vertieft. Auf sofortige Ausführung werden wir zunehmend Wert legen. Ganz bewußt bauen wir Verleitungen (= Ablenkungen) ein und steigern so langsam den Schwierigkeitsgrad.

Neues kommt hinzu: PLATZ, BLEIB und das BEI-FUSS-GEHEN an der Leine. Sobald sein Impfschutz wirkt, bringen wir ihn mit Artgenossen zusammen – draußen, in Gottes freier Natur.

Mit sechzehn Wochen muß das Fundament stehen. Die Grundschulzeit ist vorbei. Nun fängt der Ernst des Lebens an.

3. Phase
ab der 17. Woche

Schritt für Schritt wird der Schwierigkeitsgrad weiter erhöht. Immer mehr Verleitungen bauen wir ein. Seine ‚innere Disposition‘ wird zum Duell gefordert, von einem zermürbenden Gegner, der ‚Gewöhnung an Gehorsam‘ heißt und der den Sieg davontragen wird. Automatisch.

Weiterführende Ziele, wie das FREI-BEI-FUSS-GEHEN und auch das PLATZ-AUF-ENTFERNUNG, werden angegangen, sowie rassespezifische Aufgaben, die hier nur angedeutet werden können.

Kindergarten

‚Kindergarten‘ beginnt an dem Tag, an dem der Welpe zu uns kommt. Am besten mit sieben Wochen. Im ersten Abschnitt des Kindergartens übernehmen wir die Aufgaben seiner Mutter und seiner Geschwister: Wir geben ihm Schutz, Aufmerksamkeit und Liebe und spielen mit ihm, wann immer er dazu bereit ist. So vermitteln wir ein Gefühl der Geborgenheit und Sorglosigkeit. Darüberhinaus tun wir einiges mehr.

Schon in den ersten Tagen erkennen Sie die Notwendigkeit, daß er vor allem lernen muß, was er nicht darf. Nämlich Elektrokabel und Stuhlbeine annagen, in Blumenkübeln buddeln oder an Übergardinen zerren. Sie können natürlich Ihre Gardinen hoch hängen, die Topfpflanzen evakuieren und sämtliche Telefon- und Elektrokabel verkleiden; doch was machen Sie mit Beinen von Stühlen, Tischen und Bänken...? Blödsinn! Jetzt ist der opti-

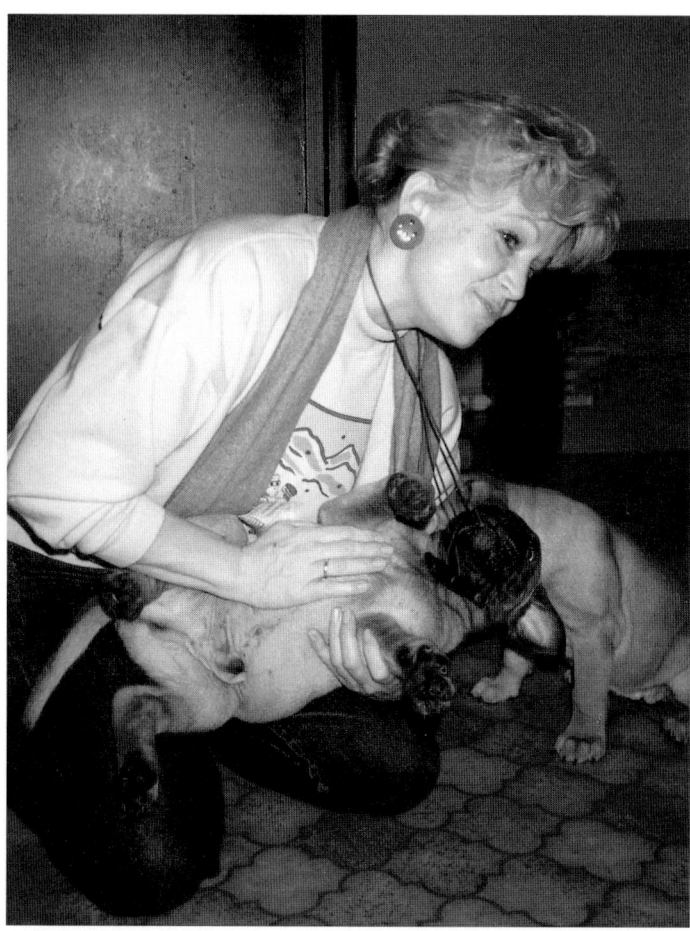

male Zeitpunkt. Sie ersparen sich eine Menge Mehrarbeit und ihm eine Menge Ärger, wenn Sie's gleich tun – konsequent! Restriktionen sind unumgänglich. Sie, die Restriktionen, und das Üben der Grundkommandos fördern seine Duldsamkeit. Duldsamkeit ist trainierbar – jetzt, heute; später nicht mehr.

Mit jedem ausgeführten Kommando wächst seine Selbstsicherheit. Seine ‚Persönlichkeit' wird mit jedem Ausbildungsschritt gefestigt. Das Ergebnis ist ein ausgeglichener, sicherer und glücklicher Hund, für den ‚Lernen' zum Lebensinhalt wird.

Ausbildung – insbesondere die Früherziehung – soll Spaß machen, unserem Welpen Freude bereiten. Darum gestalten wir das Lernen so freud- und lustvoll wie möglich. Das ist das Grundprinzip unserer Ausbildung. Dazu gehört auch Negatives – und dazu zählen Verbote und Restriktionen nun einmal – auf ein vernünftiges Mindestmaß zu beschränken. Freude, Lust einerseits und das „Nein" andererseits sollten sich zumindest die Waage halten.

Bringt Ihr kleiner Teufel Sie dazu, öfter „Nein" als „brav" zu sagen, helfen Sie sich mit Ablenkungen. Bevor er die unterste Wurzel Ihres

Gummibaumes ausgegraben hat, geben Sie ihm ein Spielzeug, einen Kauknochen oder Ähnliches, um ihn auf andere Gedanken zu bringen.

Ein anderes Prinzip unseres Erfolgskonzeptes besteht darin, ihm neue Lernziele – jedes neue Kommando – so leicht wie möglich zu machen. Im ersten Schuljahr lernten wir weder Wurzelziehen noch Algebra; wir begannen mit dem kleinen 1x1. Das Gleiche tun wir im Kindergarten. Komplexe Aufgaben (z. B. Apportieren) zerlegen wir in einzelne Bestandteile und lehren diese zu-

zeit beizuwohnen, wird er Sie erneut nerven.

Ein praktisches Hilfsmittel – nicht nur in diesem Fall – ist der **Zimmer-Käfig.** Das ist ein Mini-Laufstall aus Metall, der sowohl im Haus oder Garten als auch auf Reisen – im Auto oder Flugzeug – Verwendung findet. „Aber ich werde doch meinen Hund nicht in einen Käfig einsperren", werden Sie sagen. Keine Angst. Er betrachtet ihn nicht als solchen; nach der Eingewöhnung wird er den Käfig als eine Höhle ansehen, die ihm Schutz und Ruhe bietet. In der Regel

◄ *Auf frohes Welpenspiel folgt „der Ernst des Lebens"!* ▼

nächst jede für sich. Einem unausgebildeten Hund eine perfekte Apportierleistung abzuverlangen ist genauso vermessen, als würde ich Ihren sechsjährigen Sohn nach der Wurzel aus 256 fragen.

Für einige Dinge ist der Welpe einfach noch zu jung. Aber gerade in solchen Fällen darf der Ausbilder keine Fehler machen.

„Wenn wir bei Tisch sitzen, klettert er ständig an uns hoch und läßt uns keine Sekunde in Ruhe." Sperrt man ihn in ein anderes Zimmer aus, während man ißt, wird er nichts daraus lernen. Im Gegenteil. Sobald er wieder Gelegenheit hat, ihrer Mahl-

wird der mit einem Tuch zugedeckte Käfig sogar als Schlafplatz angenommen. Falls Sie Kinder haben, die dazu neigen, den Welpen während seiner Ruhephasen zu stören, fällt es leicht, den Bereich des Käfigs zur Tabu-Zone zu erklären. Eine weitere Hilfe bietet der Käfig bei der Erziehung zur Stubenreinheit. Seine ‚Höhle' wird der kleine Kerl nicht beschmutzen. Bringen Sie ihn von dort sogleich nach draußen, macht er sein Geschäft fast auf Kommando.

Von unschätzbarem Wert ist der Zimmer-Käfig, um die Duldsamkeit zu üben. Kaum ein Welpe wird den Käfig widerspruchslos annehmen, wenn Sie so ungeschickt sind und ihn in einem Moment zum ersten Mal dort einquartieren, in dem sein innerer Motor gerade auf Hochtouren läuft. Nutzen Sie hingegen einen Augenblick, wo er seine Ruhe haben will, so haben Sie ihm und sich den ersten Schritt entscheidend erleichtert. Sofern er bei späteren Aufenthalten im Käfig großes Gezeter veranstaltet, heißt es konsequent sein: Er wird erst erlöst, nachdem er Ruhe gab.

Akustische Verständigung

Hunde lernen die Bedeutung der einzelnen Kommandos, indem sie das Kommando-Wort, besser gesagt den Tonfall, den Klang mit der entsprechenden Tätigkeit in Verbindung bringen. Das kennen Sie. Nehmen Sie seine Leine zur Hand, weiß er gleich, jetzt geht's nach draußen. Ohne die Leine zu sehen, nur durch das Geräusch wußte er Bescheid. Sobald Sie mit seiner Futterschüssel hantieren, ist es ähnlich. Das Geräusch stellt in seinem Kopf die Verbindung zu Fressen her. Bei den Kommandos geschieht nichts anderes. Ein bestimmtes Geräusch wird mit einer bestimmten Tätigkeit in Verbindung

gebracht, assoziiert oder verknüpft – wie die Hundeleute sagen.

Nun klingt ein freundliches, lokkendes ‚Komm' des gutgelaunten Herrchens ganz anders als ein barsches, wütendes ‚Komm' eines ungeduldigen und entnervten Herrchens. Das ‚Komm' Ihrer Partnerin oder Ihrer Kinder klingt wieder ganz anders. Mit der Zeit wird der Hund das natürlich alles lernen, doch für den Anfang wollen wir es ihm so leicht wie möglich machen.

„Habe ich dich endlich erwischt, du Schlingel!"
„Nein!"
Auf frischer Tat ertappt wird dem ▶
kleinen Kerl durch unmißverständliche Gestik, drohende Betonung und mit einem kräftigen Griff ins Nackenfell klargemacht, daß ein Elektrokabel gefährlich ist.
▼

Schaffen Sie sich eine Hundepfeife an! Eine Doppelpfeife, die an jedem Ende ein Mundstück aufweist. Die eine Seite mit dem Trillerpfiff werden wir für das ‚Sitz‘ und das ‚Platz‘ verwenden, die andere mit dem glatten Pfiff als Komm-Signal.

Sie erleichtern es Ihrem kleinen Freund erheblich, Sie zu verstehen. Ihre Stimme benutzen Sie von morgens bis abends. Woher soll er wissen, wann er gemeint ist? Woher soll er wissen, was gemeint ist? Bei der

Pfeife ist das eindeutig. Sie wird nur für ihn benutzt und ausschließlich für Kommandos, von denen jedes einen unverwechselbaren Klang hat. Nun werden Sie sagen, das würde ein schönes Pfeifkonzert, wenn jeder Hundebesitzer in unserem Auslaufgebiet mit der Hundepfeife arbeiten würde. Stimmt. Aber das ist so wie mit dem Straßenverkehr. Vor 25 Jahren machte es noch Spaß, Auto zu fahren, weil Worte wie ‚Stau‘ oder ‚Blechlawine‘ noch nicht erfunden waren.

Selbstverständlich dürfen Sie auch Ihre Stimme benutzen. Bemühen Sie sich aber, das Kommando immer im gleichen Tonfall zu sprechen. Halten Sie auch keine langen Reden, wie: „Ja komm mal schnell zu Frauchen" oder „Kommst du wohl her". „Arco, komm". Basta!

In der Lernphase wiederholen Sie das Kommando **während der Ausführung:** „Arco, komm... komm... komm", damit sich beides in seinem Kopf verknüpft. Später dürfen Sie ein Kommando nur einmal geben – grundsätzlich!

Enorm wichtig ist die Art der Betonung. Nehmen wir das ‚Sitz'. Militärisch kurz und zackig ausgesprochen, fährt es dem Welpen durch Mark und Bein. Sprechen Sie es langsam und dehnen den Vokal, wirkt es beruhigend und freundlich. Ihr ‚Komm' hat immer lockend zu klingen – etwa als würden Sie kleine Kinder zur weihnachtlichen Bescherung rufen.

Als erstes lernt unser ‚Lehrling' seinen Namen. Einen kurzen, am besten zweisilbigen, möglichst mit zwei verschiedenen Vokalen, wie Aisha, Babsy, Candy, Dunja oder Arrow, Bronski, Curtis, Dusty. Dann die Grundkommandos. Auf geht's!

Das „Nein"

‚Ein Hundeleben ist das! Kaum der Mutter, den Geschwistern, der vertrauten Umgebung entrissen, versucht man mal den Teppich ein wenig anzuknabbern, schon fängt der Ärger an...'

Brüllen sie nicht los! Widerstehen Sie der Versuchung, ihn mit der zusammengerollten Zeitung zu bedrohen! Mit einem solchen Verhalten kann er ebenso wenig anfangen wie Sie, würde man Ihnen die Prawda zu lesen geben. Was ist zu tun?

Auch Ihr niedlicher kleiner Welpe stammt von Wölfen ab. Wölfe (und Hunde) schreien sich nicht an und bedrohen sich auch nicht mit gerollten Zeitungen; sie verständigen sich kaum akustisch. Sprechen Sie seine Sprache, denn **Sie können nicht von ihm erwarten, er soll wie ein Mensch denken – aber er darf von Ihnen erwarten, daß Sie lernen wie ein Hund zu denken!**

Seine Mutter knurrte ihn an, wenn er eine Dummheit machte. Manchmal packte sie ihn am Nackenfell, trug ihn fort oder schüttelte ihn ein wenig. Das Gleiche sollten Sie tun, wenn Sie ihn auf frischer Tat bei einer Dummheit ertappen. Benutzen Sie das Wörtchen ‚nein', wenn Sie ihn sanft am Nackenfell anfassen. Sprechen Sie es ruhig, leise und gedehnt aus: „Arco, n-e-i-n!" Unser Ziel ist nicht ein schnelles Gelingen, sondern ein nachhaltiger Erfolg. Er kann unmöglich wissen, was mit ‚Nein' gemeint ist (reagiert er eingeschüchtert und läßt den Teppich in Ruhe, war Ihre Einwirkung viel zu hart), also wendet er sich erneut dem Teppich zu. Das ist genau das, was wir wollen: Der zweite Griff ins Nackenfell deutet mehr Entschlossenheit an und das „Arco, n-e-i-n!" bekommt einen drohenden Unterton. So lernt er – ohne eingeschüchtert zu werden – zweierlei: Die Rolle seiner Mutter (seiner Chefin) wurde von Ihnen übernommen, und das Wörtchen ‚nein' prägt sich ein.

Liegt das Fehlverhalten schon weiter zurück – wenn Sie ihn also nicht auf frischer Tat ertappen – ist jede Einwirkung sinnlos, weil er sie nicht mit dem Fehlverhalten in Verbindung bringen kann.

Das Kommando heißt: „Arco, NEIN!" – Also immer zuerst seinen Namen, dann das Kommando-Wort; es heißt nicht: „Nein, das darfst du nicht", oder „laß' das sein", oder „Aus", oder „Das ist verboten", sondern schlicht und einfach „..., NEIN!" Nur so können wir von ihm erwarten, daß er kapiert, was NEIN bedeutet, nämlich: Das, was du gerade tust, ist falsch, höre sofort damit auf!

Das Wörtchen ‚Nein' bekommt damit eine besondere Bedeutung –

wie jedes andere Wort auch, das zum Kommando-Wort wird. Im Umkehrschluß leuchtet es ein, diese Worte unserem Schüler gegenüber nicht in anderen Zusammenhängen zu benutzen. „Nein, du bekommst jetzt nichts zu fressen", „Nein, wir gehen jetzt nicht spazieren", „Frauchen hat nein gesagt" – um nur einige Negativ-Beispiele anzuführen.

Das „Komm"

Was wir ihm mit ‚komm' sagen wollen, das ist „komm **zu mir**"; wir benutzen es also, wenn der Hund von uns entfernt ist und sich auf uns zu bewegen soll. Nicht verwenden sollten Sie das ‚Komm' beispielsweise, wenn Ihr Kleiner bei Ihnen ist und Sie mit ihm weggehen möchten „Komm mit".

Das „Komm!" muß für Junghund wie Hundeführer positiv sein, Anfang gemeinsamen Spiels. Belohnung durch „Leckerli"!

Wie bei allen Kommandos gilt auch hier: Lassen Sie alle überflüssigen Worte weg. „Komm mal her", „Nun komm schon", „Komm zu Frauchen", „Kommst Du wohl"– alles Unsinn; „Arco, komm!", mehr nicht! Lassen Sie mich vorab einen Idealfall schildern. Wenn Welpen etwa drei Wochen alt sind, beginnt der Züchter neben der Muttermilch Nahrung zuzufüttern. Dies tut er mehrmals täglich, bis er die Welpen abgibt. Hier liegt die allerbeste Möglichkeit, die Kleinen schon mit dem KOMM vertraut zu machen. Der Züchter geht mit der gefüllten Futterschüssel in den Garten, ohne daß die Welpen dies wahrnehmen können. Eine zweite Person öffnet den Babies den Gartenzugang, während der Züchter sie lockend zu sich und dem Futter ruft. Anfangs nur aus kurzer Entfernung, dann von immer weiter her. Sind die Kleinen sieben Wochen alt, kann er sich schon hinter einem Strauch oder Ähnlichem verstecken. Seine Komm-Rufe prägen sich in die kleinen Köpfchen erstaunlich schnell ein. Noch effektvoller wirkt die Hundepfeife. (Der weitsichtige Züchter kauft Hundepfeifen, die die gleiche Tonfrequenz haben, im Dutzend ein und gibt mit jedem Welpen eine ab.)

Warum sollte ein Hund kommen, wenn er gerufen wird? Setzen wir einmal voraus, er hat den Ruf akustisch verstanden und weiß auch, was mit KOMM gemeint ist. Versetzen Sie sich mal in seine Lage und überlegen einen Moment, bevor Sie weiterlesen: Was bewegt ihn dazu, zu ‚gehorchen'? Er kommt, weil sich etwas für ihn Positives anschließt! Nachdem er gekommen ist, haben Sie dafür zu sorgen, daß etwas Schönes passiert. Das kann Lob und Leckerli sein; viel besser wäre, wenn das Positive aus einem Spiel bestehe. Wird er nach dem Kommen sofort angeleint oder gescholten, weil er nicht gleich gekommen ist, versteht selbst der dümmste Vierbeiner nach kürzester Zeit, daß man besser nicht kommt, wenn man gerufen wird.

Spielen als Belohnung? Nur wenige wissen, wie man mit einem Welpen spielt; so unglaublich das auch klingen mag. Spielen Sie Nachlaufen mit Fangen. Mal versuchen Sie den kleinen Kerl einzufangen, mal er Sie. Oder Nachlaufen mit Beute, wobei der Verfolger dem Verfolgten dessen Beute abzujagen versucht. Ringkämpfe, auf dem Teppich oder Rasen ausgetragen, erfordern zwar entsprechende Kleidung, sind dafür das Schönste, was Sie Ihrem Liebling bieten können.

Sprechen Sie das KOMM lockend aus. Hocken Sie sich hin. Ihre Körpersprache muß zum Ausdruck bringen: Da passiert gleich etwas Tolles...

Das Positive, das sich dem Kommen anschließt, kann auch darin bestehen, etwas Negatives zu beenden, den Hund aus einer mißlichen Lage zu befreien. Fahren Sie mit dem jungen Welpen in einen ihm unbekannten lichten Wald; zu einer Uhrzeit, zu der es dort weder Menschen noch Hunde gibt. Nun darf er nach Herzenslust laufen. Er soll sich möglichst weit von Ihnen entfernen, damit Sie Gelegenheit finden, sich hinter einem Baum zu verstecken. Lassen Sie ihn ruhig ein wenig suchen, bevor Sie ihn mit einem freundlichen ‚Arco, komm' aus seiner Einsamkeit erlösen.

Manche erwachsenen Hunde neigen dazu, sich bis in die Unendlichkeit von Herrchen oder Frauchen zu entfernen. Das bringt dem Besitzer jede Menge Ärger ein. Ein Welpe, der die zuvor beschriebene Vereinsamung in der Fremde mehrmals erlebte, lernt schnell, seine Rudelfreunde nicht aus den Augen zu lassen. Hunde, die sehr weit weg gehen, gehören meist ängstlichen Besitzern, die sie ständig rufen und hinter ihnen her laufen, weil sie meinen, es könnte vielleicht etwas passieren. Wenn Sie Ihre Trixy nicht gerne als kleinen Punkt am Horizont sehen möchten, sollten Sie offenes Gelände meiden. Verlegen Sie die Spaziergänge in den

Wald. Wechseln Sie öfter das Gelände, damit Trixy erst lernt, bei Ihnen zu bleiben, bevor sie die nötige Selbstsicherheit hat, um sich für weitere Trips zu verabschieden.

Nachdem Sie eine Woche fleißig geübt haben, machen wir nun ein Spielchen zu dritt. Stellen Sie Ihre Partnerin im Garten zehn Meter von sich entfernt auf. Ihren ‚Azubi' rufen Sie dann zwischen sich hin und her. Jedesmal wenn er kommt, folgt überschwengliche Begeisterung, Spielen oder ein Leckerli und viel Lob. Das

Trixy ist zu weit weggelaufen. Herrchen hat die Situation genutzt, um sich zu verstecken. Nun steht Trixy da, mutterseelenallein im großen Wald. Durch solche Erlebnisse lernt sie, sich nicht zu weit zu entfernen.

43

Spielchen können Sie natürlich auch mit drei Personen spielen. Aber übertreiben Sie nicht. Sobald Sie feststellen, seine Lust läßt nach, hören Sie auf. Die Distanz zwischen den Personen kann man von Mal zu Mal vergrößern. Machen Sie es aber keinesfalls so, daß Sie sich bei Spaziergängen von Ihrem Partner trennen, um in verschiedene Richtungen zu gehen. Er weiß dann nicht, wem er folgen soll und wird unnötig verunsichert.

Nach eine weiteren Woche wird es richtig interessant. Wir bauen bewußt Verleitungen ein. Drei Personen, A, B und C, bilden ein Dreieck. Der Welpe steht bei A und wird von B gerufen. Während er sich auf B zubewegt, rollt dieser einen Tennisball zu C – so schnell, daß der Welpe den Ball nicht erreichen kann. Der rollende Ball stellt für den Hund eine flüchtende Beute dar, der er natürlich folgt. C steckt den Ball in die Tasche, steht aufrecht und sagt nur „nein". B wartet, bis das Interesse des Welpen ein wenig nachläßt, ruft ihn erneut und zeigt ihm dabei einen zweiten Tennisball. So lernt er, daß Gehorchen eher zum Ziel führt, als nach seinem eigenen Kopf zu handeln.

Ihre Aufgabe ist es festzustellen, welche Verleitungen wie stark auf *Ihren* Hund wirken. Damit Sie die Verleitungen und den Schwierigkeitsgrad langsam steigern können und nicht das Schwerste zuerst üben.

Wie stark Verleitungen sein können, sieht man am besten an einem passionierten Jagdhund. Ein flüchtender Hase läßt ihn alle Ausbildung vergessen. In dieser Situation hilft sich der geschickte Führer mit einem simplen Trick. Ein Komm-Kommando würde mit Sicherheit ‚überhört'. Ein donnernder Downpfiff jedoch läßt den gut ausgebildeten Hasso wie ein Taschenmesser zusammenklappen. Dann erst, nachdem er seine Aufmerksamkeit dem Hasen ab- und dem Führer zugewendet hat, folgt das Komm-Kommando.

Üben Sie das Kommen mindestens zehnmal täglich. Natürlich nicht hintereinander, mit zeitlichen Abständen. Anfangs rufen Sie ihn in Ihrer Wohnung, von der Küche ins Wohnzimmer; dann im Garten. Draußen versuchen Sie es nur, wenn Sie einigermaßen sicher sind, es wird klappen. Fragen Sie sich vorher: Wie ist er disponiert? Liegen Verleitungen vor? Wird er gerade von etwas Interessantem abgelenkt, versuchen Sie es dann erst gar nicht.

Viele Begriffe des „Hunde-Deutsch" entstammen leider der Militärsprache. Das sollte für Sie kein Grund sein, sich wie ein Spieß auf dem Kasernenhof aufzubauen und „Komm!" zu schreien. Während der Lernphase gibt es keine Befehle. Das ‚Komm' erklingt in lockendem Tonfall. Machen Sie sich klein dabei. Am besten legen Sie sich flach auf den Boden. Probieren Sie einmal aus, wie Sie aus der Sicht eines Welpen wirken: Bringen Sie Ihre Augen in die Höhe der des Welpen und schauen Sie an jemand, der direkt vor Ihnen steht, empor. Ein Kerl von 189 cm wie ich wirkt auf einen Welpen wie die Eiger Nordwand!

Machen Sie sich keine Illusionen. Sie arbeiten ohne Netz und doppelten Boden. Keine andere Disziplin hat auch nur annähernd so erhebliche Bedeutung für Ihren Einsatz als Ausbilder. Wenn Sie rufen und er nicht kommt, stehen Sie vollkommen hilflos da. Mißerfolge sind Todsünden. Das darf einfach nicht passieren. Kommt es trotzdem einmal vor, gehen Sie ganz ruhig hin und leinen ihn an – ohne jeden Kommentar.

Das „Sitz"

Welpen setzen sich sehr häufig von selbst hin. Bemühen Sie sich, dieses selbständige Setzen schon im Ansatz zu erkennen! Sobald er sich anschickt, sich zu setzen, benutzen Sie das Kommando. Sprechen Sie es ein wenig gedehnt aus, dadurch wirkt es beruhigend. Loben Sie ihn durch Streicheln oder mit einem Leckerli.

Nach einigen Dutzend solcher Übungen wird der Hund beides verknüpfen. Aber er weiß noch nicht, daß er sich setzen soll, wenn wir das Wort benutzen. Natürlich könnten wir ihn mit mehr oder weniger sanfter Gewalt in die Sitzposition bringen. Unsere Bilder zeigen, daß es auch ohne Zwang geht. Durch das Leckerli motiviert, kommt er selbst auf den Gedanken, sich hinzusetzen. Der Erfolg in Form des Leckerli's bestätigt ihm die Richtigkeit seines Tuns. In seinem Kopf speichert er: „sitz" – hinsetzen – Erfolg. Je mehr vergebliche Versuche er vorher un-

So sieht Sie Ihr Welpe, wenn er an Ihnen hochschaut. Finden Sie das vertrauenerweckend?
Machen Sie sich klein, gehen Sie in die Hocke oder legen Sie sich auf den Boden. Sobald Sie in seiner Augenhöhe sind, wird er Sie nicht mehr als Bedrohung empfinden.

Auf brutale Art wird hier ein (erwachsener) Hund in die „Sitzposition" ▶
getreten.

ternahm, zu seinem Ziel – dem Lek-
kerli – zu gelangen, je tiefer wird sich
der erfolgreiche Weg zum Ziel in
seinem Gedächtnis einprägen.

Sobald Sie den Eindruck haben, er
versteht, was mit ‚sitz' gemeint ist,
setzen Sie die Pfeife ein: Unmittelbar
nachdem Sie ‚sitz' gesagt haben, pfei-
fen Sie **einmal** ganz kurz den Triller.
Nach einigen Versuchen benutzen
Sie die Pfeife, ohne zuvor das Kommando zu sprechen.

Es ist nicht zu empfehlen, die Ausführung des Sitz-Kommandos immer
mit Futter zu belohnen. Sonst sitzt
der Hund später ständig vor Ihnen,
sobald er die Leckerlis in Ihrer Tasche riecht. Wie schon bei der Übung
‚Komm' gesagt, Spielen ist die schönste Belohnung.

Welche Form Ihre Belohnung
auch haben mag, geben Sie sie nicht
unmittelbar, nachdem er sich gesetzt
hat. Er soll ja auch lernen sitzenzu-
bleiben. Faustregel: Im Alter von
zehn Wochen sollte er zehn Sekunden sitzenbleiben, bevor er seine Belohnung bekommt; mit zwanzig Wochen hundert Sekunden; mit vierzig
Wochen tausend Sekunden.

Hat er das Sitz-Kommando begrif-
fen, bauen wir wieder ganz gezielt
Verleitungen ein: Sie liegen auf dem
Teppich und toben mit ihm, Plötzlich
wie aus heiterem Himmel geben Sie
das Kommando: „Arco, – sitz".
Beim nächsten Mal benutzen Sie die
Pfeife.

Manchmal legt sich so ein kleines
Kerlchen auf das Sitz-Kommando
hin, anstatt sich zu setzen. In dem
Alter ist das kein Drama. Ist er drei
Monate alt, empfiehlt es sich aller-
dings zu korrigieren.

Welpe im Stand vor der „Sitz"-Übung. ▼

Erzwungenes „Sitz" mit einem Welpen. Glauben Sie, er wird auf diese Art jemals freudig gehorchen? Zwang bedeutet Druck – und Druck bewirkt bekanntlich Gegendruck. Man sieht deutlich, wie der Kleine sich wehrt. Mit seinen Hinterläufen stemmt er sich mächtig gegen die Kraft, die sein Hinterteil herunterdrückt. ▼

SITZ ohne Zwang. Man hält dem ▶ *stehenden Welpen ein Leckerchen vor die Nase. Sobald er den Happen wahrgenommen hat, bewegt sich die Hand in Richtung seiner Rute – geringfügig nach oben ansteigend. Er wird zunächst vielleicht zurückgehen. Beim nächsten Versuch machen Sie die Handbewegung langsamer und ein wenig ansteigender.*

Das „Steh"

Im Kindergartenalter bei der Welpenausbildung gibt es eine Übung, die Sie in anderen Anleitungen vergebens suchen würden. Das „Steh". Das Ziel besteht zunächst darin, den Hund in ‚Ausstellungspositur' aufzustellen, und er sollte möglichst lange, ohne sich zu rühren, so stehen bleiben.

Zugegeben, kaum jemand nimmt diese Übung ernst. Dennoch gibt es nichts besseres, um die Konzentrationsfähigkeit und die Unterordnungsbereitschaft zu fördern. Er lernt nicht nur stehen zu bleiben. Er lernt, daß Sie – sein Boss – bestimmen, was er zu tun hat (Unterordnungsbereitschaft). Anfangs nur einige Sekunden, später eine Minute und länger ruhig zu stehen, stellt hohe Anforderungen an seine Konzentration. Je früher Sie mit dieser Übung beginnen – um so besser. Gewiefte englische Züchter beginnen damit, sobald der Welpe sechs Wochen alt ist. Zwei Wochen später stehen die Kleinen schon wie ein Champion im Showring.

49

Legen Sie eine rutschfeste Unterlage auf einen Tisch und stellen Sie ihn darauf. Dies ist auch eine fantastische Lehrstunde für den Ausbilder. Hier ist er gefordert, Disposition und Verleitungen zu berücksichtigen, geduldig in sanfter und liebevoller Art seinen Wunsch durchzusetzen.

Kritiker werden behaupten, wir seien nun doch beim Zwang angekommen. Das stimmt nicht ganz. Genauso wenig wie Sie ihm erlaubten, Ihren Teppich aufzufressen, erlauben Sie ihm jetzt, die Steh-Position zu verlassen. Je lebhafter (temperamentvoller, bewegungsfreudiger) Ihr kleiner Freund ist, um so mehr benötigt er diese Übung. Sie werden sehen, es wird sich auszahlen.

Ein Welpe bekommt sein Leckerli meist in der Sitzposition: Nach dem Sitz-Kommando oder wenn er gerufen wurde und sich vor Sie setzt. Das führt oft zu einer **unerwünschten**

„Steh!" schon im zarten Welpenalter. Früh stellt sich, wer ein Champion werden will.

Verknüpfung. Sobald er einen Happen haben möchte, setzt er sich vor Sie, weil er die Sitzposition mit dem Leckerli verbunden hat. Die Steh-Übung hilft uns frühzeitig, dies zu verhindern.

Wo wir gerade von Ausstellung sprachen. Zu diesem Themenkreis gehört auch, daß er sich vom Ausstellungsrichter in den Fang schauen läßt, weil dieser die Stellung und Vollzähligkeit seines Gebisses zu überprüfen hat. Das sollten sie auch üben; zunächst der Rudelchef, dann die Familienmitglieder. Es zeigt ihm: In der Rangordnung stehen Menschen über mir, von denen muß ich mir manches gefallen lassen.

Später wird Sie Ihr Tierarzt mit Komplimenten überhäufen. Einen Patienten, der so brav stehen bleibt, sich in den Fang greifen und überall befühlen läßt, bekommt er nicht jeden Tag auf den Behandlungstisch.

Diese Fotos zeigen zwei erwachsene „Ausstellungshasen" in der Position „Steh"! Die Erziehung im Welpenalter zahlt sich bis ins hohe Alter aus!

Ein wenig Theorie

Vier Faktoren entscheiden darüber, ob Ihr Liebling später ein Kommando ausführt oder nicht.

Als erstes muß er die **Bedeutung des Kommando-Wortes kennen.** Sagen Sie z. B. „Charly, sitz!", kann er nur dann ‚gehorchen', wenn ihm die Bedeutung von ‚sitz' klar ist. Wie er das lernt, sahen wir bereits beim ‚Nein', ‚Komm' und ‚Steh'.

Vor Jahren schwärmte ich im Freundeskreis des öfteren von einer noch sehr jungen Hündin, die ich die Freude hatte, ausbilden zu dürfen. Weil sie nach erfolgreicher Ausbildung in Frankreich leben sollte, hatte ich sie auf die dort üblichen Kommandos eingestellt. Als ich sie einmal mit auf die Übungswiese brachte, versuchte einer der Anwesenden, ihren Ausbildungstand zu testen, indem er einige Kommandos gab. Nichts geschah! Keine Reaktion. Überraschung und Enttäuschung spiegelten sich auf den Gesichtern der Hundefreunde. Die Hündin legte den Kopf etwas zur Seite und schaute den Führer fragend an. Ein guter Bekannter lüftete das Geheimnis: „Die versteht Dich nicht, mit der mußt Du französisch sprechen".

Als zweites spielt seine **innere Disposition eine entscheidende Rolle.** Unter diesen Begriff fallen die angeborenen Triebe und gelegentlich zusätzlich ein gestauter Drang. Nehmen wir an, Sie sind stolzer Besitzer eines einjährigen Rüden, eines Temperamentbündels mit enormem Bewegungstrieb. Der tägliche Spaziergang mußte – warum auch immer – zweimal ausfallen. Am darauffolgenden Tag fahren Sie mit ihm zur Trainingswiese. Dort angekommen verlangen Sie von ihm, daß er unangeleint sauber ‚frei bei Fuß' geht. Wie glauben Sie stehen Ihre Chancen...?

Einer unserer beiden Rüden ist ein Sexprotz. Sobald er eine wohlriechende Hündin wittert, vergißt er alle Ausbildung und guten Manieren. Für den anderen spielt Sex eine weniger wichtige Rolle. Er gehorcht auch dann noch, wenn die Hündin ihn bereits verführt hat. Dabei ist der erstgenannte Rüde bedeutend besser ausgebildet und viel gehorsamer als der zweite.

Beim dritten Handikap handelt es sich um **Verleitungen.**

Das sind äußere Einwirkungen, die den Hund dazu ‚verleiten', etwas Unerwünschtes zu tun, indem sie einen seiner Triebe ansprechen (z. B. die heiße Hündin den Geschlechtstrieb des Rüden). Herrchen hatte seine halbjährige Ronja neben dem Parkweg abgelegt. Er wollte die attraktive Dame, die sich mit einem Westi näherte, ansprechen und den bereits fortgeschrittenen Ausbildungsstand seiner Hündin dabei als Aufhänger benutzen. Am anderen Ende der Wiese sah Ronja zwei tolle Artgenossen: ‚Auf Wiedersehn, Herrchen'...

‚Verleitungen' gibt es fast immer und überall. Oft solche, die wir als Menschen gar nicht wahrnehmen. Denken Sie z. B. an eine frische Wildspur. Auch Maulwurfhügel oder fliegende Herbstblätter können für manchen Vierbeiner zur ‚Verleitung" werden.

Der vierte Punkt wird von den meisten Führern übersehen und ist doch von größter Wichtigkeit: **Das Gewohntsein zu gehorchen.**

Einem Hund, der tagtäglich zehn Kommandos zu befolgen hat, wird es schnell zur Gewohnheit, immer zu gehorchen. Geben Sie Ihrem nur zwei, drei Kommandos pro Woche, wird er diese leicht überhören – einfach weil er es nicht gewohnt ist, Kommandos auszuführen.

Nina, eine ehrgeizige junge Dame, mußte Sprachferien in England machen. Ihre neunmonatige ‚Joy' – zur Zeit der Star unserer Übungsgruppe – blieb daheim. „Die haben mir den Hund total versaut", lautete Nina's Kommentar. Die Eltern hatten – auf Geheiß von Frl. Tochter – nichts mit ‚Joy' getan: Drei Wochen keine Kommandos = kein Gehorsam mehr!

Mißerfolge

Die – am besten auf den ganzen Tag verteilten – Minuten der Ausbildung finden in einer freundschaftlichen, lustigen und übermütigen Atmosphäre statt.

Richten Sie sich nicht nach der Uhr. Fragen Sie sich vielmehr, ob Sie selbst momentan in der richtigen Stimmung sind, dann prüfen Sie seine Laune.

Das wichtigste Prinzip unserer Ausbildung besteht darin, alles für unseren ‚Azubi‘ Negative auszuschließen. Zum Negativen gehören nicht nur Druck, Strafe, Anschreien, Ignorieren etc., dazu gehören auch Mißerfolge – womit nicht ausgeführte Kommandos gemeint sind.

Ein typischer Mißerfolg sieht so aus: „Charly, komm!" Charly ist fünf Monate alt und hat selten Gelegenheit, mit Artgenossen zu toben. Er befindet sich gerade in einem Knäuel von sechs Gleichaltrigen, zwanzig Schritte von Herrchen entfernt... „Charly, komm!" Selbstverständlich wird Charly nicht kommen! In dieser Situation das Kommando zu geben ist fataler Unsinn.

Unser Ziel ist ein Hund, der nach einem Kommando gehorcht und zwar nach dem ersten. Charly's Herrchen gab das Kommando und nichts geschah. In diesem Moment hat Charly etwas gelernt. Er kam zu der elementaren Erkenntnis, daß er nicht gehorchen muß! Daß man Herrchens Kommandos einfach ignorieren kann.

Von dem Tage an wird Charly nur noch gehorchen, wenn er Lust dazu hat. Herrchens Autorität ist nicht nur ins Wanken geraten, sie hat einen entscheidenden Knacks erlitten.

Geben Sie **nie** ein Kommando, wenn Sie dessen umgehende Ausführung nicht herbeiführen können; erst recht nicht, wenn der Erfolg in Frage steht.

Und merken Sie sich bitte: Die Schuld an einem Mißerfolg liegt immer beim Ausbilder – grundsätzlich! Nicht beim Hund!

Das „Platz"

Das Sich-hinlegen – so steht es in jedem Ausbildungsbuch – stellt in der Körpersprache der Hunde eine Geste der Unterwerfung dar. Stimmt! Und das ist genau das, was wir im Kinderalter nicht wollen. Ihr kleiner Freund soll nicht unterworfen werden, sondern seine Vokabeln, seine Kommandos, freudig und spielerisch lernen.

Er legt sich oft von selbst hin, ohne daß damit eine Unterwerfung verbunden wäre; z. B. wenn er müde ist. Das soll er nun auf Kommando tun. Zu Beginn wiederholen Sie häufig das Wörtchen ‚Platz‘, sobald er sich anschickt, in die Liegestellung zu gehen. Unterstützen Sie dieses verbale Kommando mit einem deutlichen Handzeichen. Schon nach kurzer Zeit verbindet er das Kommandowort und / oder das Handzeichen mit dem Sich-legen.

Passen Sie einen günstigen Moment ab. Oft kann man erahnen, daß der Hund sich gleich legen wird – wenn er beispielsweise ermüdet zu seinem Lieblingsplatz trottet. Unmittelbar bevor er sich nun legt, geben Sie das Kommando und das Handzeichen. Hat es geklappt, folgt überschwengliche Begeisterung.

Wälzen Sie sich auf dem Fußboden, freuen Sie sich als hätten Sie einen Sechser im Lotto. Nach einigen, Minuten lassen Sie ihn in Ruhe. Geht er wieder zu seinem Platz, um sich hinzulegen, wiederholen Sie das Ganze sofort. So prägt es sich schnell ein. Üben Sie das ‚Platz‘ zunächst ausschließlich an dieser Stelle. Nach jedem erfolgreichen Versuch folgt ein ausgelassenes Spielen. Manches raffinierte kleine Bürschchen benutzt das Sich-legen schon bald als eine Aufforderung zum Spiel. Soweit braucht es nicht zu kommen. Bevor Sie an einem anderen Ort trainieren, sollten Sie das Kommando plus Handzeichen aus zwei, drei Metern Entfernung geben. Klappt auch das, versuchen Sie es in einem anderen Raum – aber noch nicht draußen im

Garten oder im Freien. Lassen Sie ihn auch manchmal mehrere Sekunden liegen, bevor Sie ihn loben.

Auf gar keinen Fall dürfen Sie die Liegestellung erzwingen, etwa indem Sie ihn sitzen lassen, um dann die Vorderläufe nach vorne zu ziehen, oder ihn mit der Hand nach unten zu drücken, oder gar per Leine nach unten zerren. Denken Sie immer daran: Er will mit Ihnen spielen. – Sie brauchen ihm nur klar zu machen, daß Sich-hinlegen zu diesem Spiel gehört.

Für die sogenannte ‚Unterordnung' ist er noch viel zu jung. Jede Art von Zwang, die dazu dient, eine Handlung (wie hier das Hinlegen) zu erreichen, würde das Vertrauen zwischen Ihnen beiden ins Wanken bringen.

Fachleute unterscheiden streng zwischen ‚Tätigkeits-' und ‚Unterlassungsdressur'. Eine Tätigkeit ist z. B. das Sich-hinlegen; eine Unterlassung besteht darin, den Teppich nicht anzuknabbern. Das Liegenbleiben nach dem Sich-hinlegen stellt damit keine Tätigkeit, sondern eine Unterlassung dar, weil die Ausbildung darauf abzielt, nicht aufzustehen. Die Unterscheidung bereitet uns manchmal Schwierigkeiten. Dies sei auch nur erwähnt, weil wir bei der Vorstu-

Keinesfalls Liegestellung erzwingen. Das „Platz" dieses Welpen resultiert aus dem Spiel, was die freudige Rutenbewegung dokumentiert.

fe der ‚Unterordnung' sehr wohl Zwang anwenden: Wir zwingen ihn – wenn auch sehr sanft – unseren Perser nicht zu zerstören. So lernt er, daß er nicht alles darf, was ihm gerade in den Sinn kommt.

Ist er bereits einige Wochen bei Ihnen und hat ein stabiles Vertrauensverhältnis aufgebaut, sollten Sie ihn ruhig einmal in der Wohnung anbinden – auch wenn er dabei noch soviel Theater veranstaltet. Das hat nichts mit Sadismus zu tun. Es ist eine leichte Restriktion, die er unbedingt lernen muß; besser jetzt als später! Wenn Sie ihn nach einiger Zeit wieder freilassen, sollten Sie nicht den Fehler machen, freundlich und beruhigend auf ihn einzureden. Er würde dies als Lob für sein Gezeter auffassen und sich beim nächsten Mal noch wilder gebärden.

Das „Down"

Bei uns in Deutschland unterscheidet man in der Jagdhundeausbildung: Bei PLATZ soll der Hund sich hinlegen; bei DOWN soll er das auch, aber seinen Kopf soweit senken, daß er mit dem Unterkiefer den Boden (oder seine Vorderläufe) berührt. Der Sinn dieses ‚Kopf-nach-unten' liegt wohl in der Erkenntnis, der Kandidat bleibe zuverlässiger liegen, als bei aufgerichteter Kopfhaltung. Das mag zutreffen.

Ich gebe aber zu bedenken, daß diese Down-Lage eine fast totale Unterwerfungsgeste für den Hund bedeutet. Vom ‚Unterwerfen' bis zur ‚Unterwürfigkeit' ist es nur ein kleiner Schritt. Gelehrt wird die Down-Lage auf ziemlich brutale Art und Weise. Aber nicht nur deshalb ist sie für mich ein Relikt aus der grauen Vorzeit der Parforce-Abrichtung. Unter den einigen hundert Hunden der verschiedensten Rassen, die mir untergekommen sind, gab es bisher keinen, der dieses DOWNs bedurft hätte – darum wollen wir kein weiteres Wort darüber verlieren. Für überflüssige Übungen ist der Platz in diesem Buch zu schade.

Das „Bleib"

Ihren fertig ausgebildeten Freund wollen Sie später ablegen (Platz machen lassen), ohne daß er sich von der Stelle rührt, beispielsweise im Restaurant. Dazu dient das BLEIB.

Die meisten Ausbilder empfehlen, einen abgelegten Hund nie abzurufen, sondern immer abzuholen. Das gibt einen Sinn, falls das PLATZ nicht nur ‚hinlegen' bedeutet, sondern auch ‚liegen bleiben'. In der Praxis ergeben sich aber häufig Situationen, in denen es zu umständlich und unbequem wäre, jedesmal zum abgelegten Hund zurück zu müssen, um das Kommando aufzuheben. Deshalb unterscheiden wir: PLATZ bedeutet ‚hinlegen' und BLEIB bedeutet ‚liegen bleiben'.

Im Welpenalter kann der Hund sich noch nicht über einen längeren Zeitraum konzentrieren. Es geht auch nicht darum, daß er Gott weiß wie lange liegen bleibt. In der Grundschule soll er erst einmal die Bedeutung der Kommandos lernen. Berücksichtigen Sie wieder Disposition und Verleitungen: Wählen Sie einen Zeitpunkt, zu dem der Hund ganz erschöpft ist und sich gesetzt oder gelegt hat. Jetzt kommt das Kommando, – und zwar ohne vorher SITZ oder PLATZ gesagt zu haben. Möglicherweise wird er Sie verständnislos anstarren. Lassen Sie sich nicht aus der Ruhe bringen: „BLEIB". Versucht er aufzustehen, folgt ein leicht drohendes NEIN . . . BLEIB!

Was wir mit BLEIB meinen, versteht er natürlich nicht. Darum werden wir es ihm jetzt erklären. Beim nächsten BLEIB gehen Sie nach dem Kommando einen Schritt zurück; versucht er aufzustehen, um Ihnen zu folgen, bringen Sie ihn exakt an den ursprünglichen Ort zurück: „BLEIB!" Beim übernächsten Mal drehen Sie sich um sich selbst oder lassen sich sonst etwas einfallen. Ziel ist, ihn durch irgend etwas zu verleiten aufzustehen, damit wir ihn immer wieder auf den Platz zurückbringen und mit BLEIB einwirken können.

Bleibt er – und sei es auch nur für Sekunden – ertönt das Lob in beruhigendem Tonfall: „B-r-a-a-v". Üben Sie wieder zunächst im Hause, immer am gleichen Ort. Dann in einem anderen Raum.

Klappt es auch dort, nehmen Sie ihn mit in den Garten. „Hasso, BLEIB". Umkreisen Sie ihn – mal rechts herum, mal links herum – entfernen Sie sich einige Schritte. Steht er auf – hat es also nicht geklappt – liegt die Schuld bei Ihnen und nicht

bei ihm! Entweder Sie festigten bei der Grundübung (im Haus, immer am gleichen Ort) nicht genügend das Verstehen des Kommandos, oder Sie haben die Anforderung im Garten zu hoch angesetzt. Vielleicht war die Distanz zu groß, möglich wäre auch, daß Sie ihn durch die Art, wie Sie sich entfernten, zu sehr verleiteten, oder Sie vergaßen wieder, seine Disposition und Verleitungen zu berücksichtigen. Wie auch immer, ist es schief gelaufen, bringen Sie ihn an den glei-

BLEIB-Übung auf einem Hundeführerlehrgang. Die Welpen sind 14 Wochen alt und können schon eine Menge: Zu Hause, wo man alleine ist und keine Verleitungen zum ‚Ungehorsam' verführen, hat man BLEIB geübt. Auf dieser interessanten Wiese, wo Kaninchenfährten und Maulwurfhügel ablenken, klappt es auch. Sogar zusammen mit Gleichaltrigen, mit denen man viel lieber toben möchte, geht es schon.

Nun folgt der nächste Schritt: Die Ausbilderin führt – als weitere Verleitung – einen fremden Hund zwischen den Welpen und ihren Führern vorbei. Ganz bewußt geht die junge Dame zwischen dem Hund, den sie an der Leine führt und den Welpen, damit sie – falls einer aufsteht, um sich dem geführten Hund zu nähern – sofort einwirken kann.

Das ist ein schönes Beispiel für optimales Welpen-Training. So wird die Duldsamkeit gefördert; die Gewöhnung an Gehorsam beginnt im richtigen Alter; Verleitungen werden ganz gezielt und wohldosiert den Schwierigkeitsgrad Schrittchen für Schrittchen steigern.

chen Ort zurück. Machen Sie ihm klar – das war nicht in Ordnung. Entfernen Sie sich erneut (nicht ganz so weit), um es erneut zu versuchen.

Bereitet ihm das ‚Bleiben‘ Schwierigkeiten, etwa weil er das Temperament eines Vulkans hat, sollten Sie nicht den Fehler machen aufzugeben oder das Fach auf einen späteren Zeitpunkt der Ausbildung verschieben. Gerade für Temperamentsbündel ist diese Übung wichtig. Gehen Sie mit kleineren Schritten voran und üben Sie häufiger!

Sobald das Kommando sitzt, steigern wir wieder den Schwierigkeitsgrad: Verstecken Sie sich für einen kurzen Moment hinter einem Baum. Später gehen Sie einmal rund ums Haus – mal kommen Sie aus der Richtung zurück, in die Sie verschwunden sind, mal aus der anderen.

Wiederholung – Wichtige Tips

Üben sollte Ihr Liebling in der Regel nur mit einer Person – und zwar immer mit der gleichen. Werden Sie sich trotzdem innerhalb Ihrer Familie einig, welche Kommandoworte Sie benutzen wollen. Ob Sie ‚Komm‘, ‚Hierher‘, ‚Banane‘, ‚Otto‘ oder ‚Coca-Cola‘ sagen, spielt an sich keine Rolle. Halten Sie sich der Einfachheit halber an die gebräuchlichen Begriffe, – auch im Hinblick auf eine evtl. spätere Prüfungskarriere.

Nochmals: Geben Sie das Kommando nie, wenn kaum eine Chance besteht, daß er es befolgen wird! Weil Verleitungen – andere Hunde, Vögel etc. – ihn ablenken.

Sprechen Sie das ‚Komm‘ lockend aus, nicht im Befehlston; machen Sie sich klein dabei, Sie sind sein Rudelmitglied – nicht der Riese Goliath.

Wiederholen Sie ein Kommando nur, während er es ausführt. Sonst nie! Hat er das erste Kommando akustisch verstanden, aber nicht befolgt, erst recht nicht. Sie gewöhnen ihn sonst daran, Ihre Befehle erst beim 2., 7. oder 15. Kommando zu befolgen.

Rennen Sie nie hinter ihm her, wenn er mal nicht gekommen ist. Er meint dann, jetzt spielen wir Nachlaufen. Nachdem er gekommen ist, haben Sie ihm ein Positiv-Erlebnis zu vermitteln. Immer! Auch wenn Sie überhaupt keine Zeit und keine Lust haben.

Waren all' Ihre Bemühungen erfolglos und Sie können seiner nicht habhaft werden, gehen Sie einfach weg – wortlos. Entfernen Sie sich zügig in entgegengesetzter Richtung, so weit, daß er Sie nicht sehen kann. Irgendwann wird er kommen, jede Wette.

Optische Kommandos

Bisher versuchten wir, unserem Hund akustisch – per Stimme oder per Pfeife – klar zu machen, was wir von ihm erwarten. Nun geben wir Befehle auf optischem Wege.

Sie kennen alle das rechnende Zirkuspferd. Der ‚Ausbilder‘ fragt, wieviel ist 3 x 4. Das Pferd stampft zwölfmal mit dem Huf auf den Boden. Die Erklärung ist ganz einfach: Das Huftier hat gelernt, bei einer bestimmten Bewegung oder Körperhaltung des Trainers mit dem Huf zu scharren, und es hat auch gelernt mit dem Scharren aufzuhören, sobald der Trainer eine andere Bewegung macht. Keine Angst, ich will Ihnen und Ihrem Lumpi nicht zu einem Zirkus-Engagement verhelfen. Optische Kommandos sind auch in anderen Situationen sinnvoll, besonders für die geistige Entwicklung Ihres Schülers.

Hunde untereinander verständigen sich kaum akustisch. Sie lesen von der Körperhaltung des anderen ab, was dieser ihnen mitteilen möchte. Sie sind also von ihrer ganzen Veranlagung her dazu prädestiniert, die Körpersprache eines Rudelmitgliedes zu deuten und im Gedächtnis zu speichern. Versuche haben bewiesen, daß ein Welpe den vor der Brust des Ausbilders erhobenen Zeigefinger viel schneller als Sitz-Kommando kapiert als den akustischen Befehl.

Einer unserer Freunde ärgerte sich schwarz darüber, daß es seinen Jagdkollegen nicht gelang, ihre Hunde auf Entfernung Platz machen zu lassen. Bei der Ausbildung seines Drahthaars übte er den Platz-Pfiff immer und immer wieder. Als Jago acht Monate alt war, brauchte Herrchen die Pfeife nur zum Mund zu führen, schon lag der Hund da. Jago hatte die Armbewegung, die die Pfeife zum Mund führt, als optischen Befehl verstanden...

In der Folge wollen wir bei einigen Kommandos die optische Form erläutern. In der Lernphase dient es

Optische Kommandos. PLATZ per Handzeichen. Auf dem unteren Bild zeigt der Airedale Terrier deutlich durch geduckte Kopfhaltung und Stellung der Rute, wieviel Druck dieses optische Kommando ausübt.

lediglich der Unterstüzung des Befehls, später werden wir sehen, wie wirkungsvoll und praktisch lautlose Kommandos sein können.

Sollte einer der geschätzten Leser das Schicksal von Dirk de Beer teilen, der nach einem Unfall stumm wurde, kann er wie dieser jedes Kommando in einer Zeichensprache geben – ausnahmslos.

Das „Fuß" (Leinenführigkeit)

Das, was wir mit ‚Gehen' bezeichnen, ist für unseren Vierbeiner eine absolut unnatürliche Bewegungsform. Das sture Geradeaus bei gleichbleibendem Tempo muß ihm wie die Fortbewegung einer Maschine erscheinen.

Seinem Naturell entspricht es, sich mal im Galopp, mal im Schritt, mal im Trab fortzubewegen; mal hier zu schnuppern, mal dort einem verlockenden Geruch zu folgen. Dies sei gesagt, damit Sie sich darüber klar werden, wie schwer es Ihrem kleinen Freund fallen muß, sauber an der Leine bei Fuß zu gehen. Trotzdem!

Es gibt Dinge, die man schrittweise erlernen kann. Mußten Sie in der Schule ein Gedicht auswendig lernen, haben Sie sich Reim für Reim durchgearbeitet, bis das Ganze saß. Jemand der vom Zehnmeter-Turm ins Schwimmbecken springt, kann das nicht schrittweise tun. Genau so ist es mit der Leinenführigkeit. Hüten Sie sich, den Fehler von 90 % aller Hundebesitzer nachzuahmen, „er zieht zwar ein bißchen, aber in ein, zwei Monaten wird er es gelernt haben". In ein, zwei Monaten wird er einige Kilo mehr wiegen und den Arm Ihrer Frau Gemahlin auskugeln, wenn er auf der anderen Straßenseite eine Katze wittert.

Warum soll er erst daran gewöhnt werden, an der Leine zu ziehen (unkorrekt bei Fuß zu gehen), um ihm dann das Ziehen wieder abzugewöhnen? Wir wissen, es wird ihm nicht behagen – aber es muß sein. Also packen wir's an. Kompromißlos!

Zunächst geht es darum, das kleine Kerlchen an ein Halsband zu gewöhnen. Einige unter Ihnen hatten evtl. das Glück, von einem Züchter gekauft zu haben, der seinen Welpen von der ersten Stunde an ein buntes Halsbändchen anlegte, um sie unterscheiden zu können (anstatt sie durch Herausschneiden von Haaren an bestimmten Körperstellen oder gar durch Markieren mit verschiedenfarbigen Nagellacken zu verunstalten). Lassen Sie ihn sich erst ans Halsband gewöhnen – ohne Leine. Sollte er viel Theater machen, legen Sie es ihm am Anfang nur während des Fütterns an.

Bevor es nun losgeht, sei nochmal klargestellt: Der Welpe ist mindestens zwölf Wochen alt, seit mindestens zwei Wochen bei Ihnen, hat eine gute Vertrauensbasis aufgebaut und hat vorher noch **nie eine Leine gesehen.** (Sofern Sie doch schon ein wenig herumexperimentiert hatten, lesen Sie erst den entsprechenden Teil im Kapitel VI des Buches, bevor Sie loslegen.)

Um den Hund das ‚bei-Fuß-gehen' zu lehren, brauchen wir maximal 15 (fünfzehn) Minuten... wenn wir es richtig machen; wenn nicht, wird er es nie lernen. Planen Sie diese Übung wie einen Banküberfall – minutiös, bis ins kleinste Detail. Also, auf geht's! Disposition? Vorher lassen wir ihn sich austoben – bis er richtig kaputt ist! Verleitungen? Wir gehen nicht auf eine Wiese, wo ihn zahlreiche Gerüche ablenken würden – eine asphaltierte oder betonierte Fläche wäre ideal.

Und wie ist es um den Ausbilder bestellt? Er ist in Topform! Er hat seinen Liebling zwei Minuten lang hart anzufassen und ihn dabei mit einem freundlichen Lächeln und mit liebevollen Worten gleichzeitig wieder aufzubauen. Für diese schauspielerische Meisterleistung braucht er keine Zuschauer – sein Azubi ist Publikum genug.

Sie setzen ihn an Ihre linke Seite. Sobald er ruhig sitzt, befestigen Sie die Leine am Halsband. Seine Schul-

Übung zur Leinenführigkeit. Der asphaltierte Boden verführt den Hund nicht zum Schnuppern. Die Mauer zu seiner Linken und Herrchen zu seiner Rechten beschränken seinen Aktionsradius. Dadurch werden Miß- erfolge weitgehend vermieden. Nur zwei Fehler sind jetzt möglich: Läuft er zu weit vor, bleibt der Führer abrupt stehen; trottet er hinterher, forciert Herrchen das Tempo bis zum Laufschritt und lockt den Hund aufmun- ternd auf seine Höhe.

Das Gehen an der Leine zu lernen kann sogar Spaß machen, wie die wedelnde Rute dieses Zwölfwöchigen beweist.

ter soll sich in Höhe Ihres Unterschenkels befinden, so nahe, daß er Sie berührt. Nun setzen Sie den linken Fuß einen Schritt nach vorne und sprechen gleichzeitig das Kommando „Fuß". Wenn Sie Ihren rechten Fuß nachziehen, wird er zu weit vorn oder hinten oder seitlich von Ihnen sein. Bringen Sie ihn mit einem *sehr* kräftigen Ruck an der Leine in die richtige Position. Er wird beeindruckt sein – verunsichert. Nun bauen Sie ihn wieder auf, reden ihm gut zu – beruhigend; ohne daß er oder Sie die Stellung verlassen. Wohlgemerkt, bis jetzt haben Sie nur einen Schritt getan. Es folgt der zweite. Wieder wird er zu weit vorne, seitlich oder hinten sein. Erneuter Leinenruck – kräftig! Erneutes Aufbauen. Beim dritten Schritt geht es schon besser, er wird ausgiebig gelobt. Dann folgen zwei Schritte (zwei – nicht drei oder vier!). Erneutes Loben. Ende! Schluß. Fünf Minuten Pause, die Sie dazu nutzen, mit ihm zu spielen: Vertrauen aufbauen heißt die Devise. Bevor wir exakt das Gleiche wiederholen, sollten wir kurz analysieren: Ist er beim dritten Schritt immer noch wie ein

Wilder vorgeprescht, war Ihr Leinenruck viel zu sanft. Blieb er verängstigt zurück, waren Sie zu hart. Versuchte er, seitlich die Flucht zu ergreifen, fehlt es an Vertrauen.

Am nächsten Tag beginnen wir mit der gleichen Übung am gleichen Ort. Tendiert er dazu, sich zu weit seitlich von Ihnen zu bewegen, gehen Sie dicht an einer Mauer oder einem Zaun vorbei, die ihm dies unmöglich machen. Schleicht er hinter Ihnen her, sollten Sie ihn aufmuntern und – meinetwegen mit einem Leckerli – auf Ihre Höhe locken.

Die meisten Welpen sind zu weit vorne. Gehen Sie scharfe Linkskurven. Scheuen Sie sich nicht, mit Ihrem rechten Fuß die Geradeaus-Richtung zu versperren. Oder Sie fuchteln mit einem Zweig vor seiner Nase herum.

Gehen Sie niemals geradeaus, sondern immer in Schlangenlinie oder Kurven. Wechseln Sie ständig das Tempo – entgegengesetzt zu seinen Wünschen: Ist er zu schnell, gehen Sie betont langsam; trottet er lahm hinterher, bringen sie ihn durch Laufschritt in Stimmung.

Wollen Sie so mit Ihrem Hund spazierengehen? – Ein weniger kräftiger Führer würde schon auf der Nase liegen!

Am dritten Übungstag scheren wir uns einen Teufel um seine Disposition. Und Verleitungen sind uns sehr willkommen. Aber eines sollten Sie nicht vergessen: Er kann sich unmöglich länger als einige Minuten konzentrieren!

Die Erfolgsgarantie dieser Methode beruht darauf, daß Sie ihm von Anfang an überhaupt keine Chance geben, anders als korrekt an der Lei-ne zu gehen. Nochmal: Es geht nicht darum, eine möglichst weite Strecke zurückzulegen. Nur, wenn er angeleint ist, muß er sauber bei Fuß gehen.

Tauchen die ersten Verleitungen auf, die ihn zu einem Satz nach vorn verführen, bleiben Sie abrupt stehen, bringen ihn in Sitz-bei-Fuß Stellung und gehen in die entgegengesetzte Richtung weiter.

Der junge Schäferhund und sein Führer zeigen, wie es richtig gemacht wird. Dicht an der Seite des Führers, auf richtiger Höhe, so daß die Hundeschulter Herrchens Schenkel fast berührt. Die Ohrenstellung zeigt, daß sich der Hund auf seinen Führer konzentriert.

*Hunde sind nie Kinderspielzeug! Mit vernünftiger Erziehung lernen Zwei-
und Vierbeiner schnell, gut miteinander auszukommen. Viele Kinder
können ihre Hunde ganz vorzüglich präsentieren!*

Zwischenbilanz – Korrekturen

Unser Liebling ist dem Kindergartenalter und der Grundschule entwachsen. In ein paar Tagen wird er vier Monate. Zeit für eine Bilanz. Lehnen wir uns bequem in einen Sessel und analysieren die Lage: Hatte unsere Früherziehung Erfolg? In welchen Fächern gibt es Probleme?

Suchen Sie die Fehler nicht bei ihm! Sie können zwar konstatieren ‚er zerrt an der Leine'; die logische Folgefrage lautet dann: ‚warum zerrt er?' Er zerrt nicht, weil er es eilig hat, sondern weil Sie in seiner Ausbildung versagt haben. Was haben Sie falsch gemacht? Gehen Sie noch einmal zurück und lesen das entsprechende Kapitel erneut.

In diesem Alter können wir nicht erwarten, daß alles perfekt läuft. Jeder unserer Azubis wird irgendwo Schwierigkeiten haben. Nur machen Sie nicht den Fehler zu denken, ‚das liegt ihm eben nicht'. Mängel zu tolerieren ist Schlamperei. Gerade in den Fächern, ‚die ihm nicht liegen', müssen Sie sich fragen, ‚woran liegt es, wie kann ich etwas verbessern?'

Auch außerhalb der Themen, die wir im Ausbildungsbereich besprachen, können unerwünschte Verhaltensweisen Ihres Lieblings Ihr Leben – wenn nicht zur Hölle, so doch – zum Fegefeuer machen. Beispiel: ‚Mein Hund klaut vom Tisch.'

Was zu tun ist, beschreibt Myrna Milani in ihrem Buch ‚Die unsichtbare Leine' sehr schön: Verschaffen Sie sich einen Überblick nach folgendem Schema:

Wie man das anstellt, daß er sich ständig beobachtet fühlt? Sie können sich hinter der Türe verstecken, um ein furchtbares Donnerwetter loszulassen, sobald er Anstalten macht zu klauen. Manchmal reicht es schon, ihm den Rücken zuzukehren. Auf diese Tricks fällt er allerdings nur einmal herein. Ein Bekannter hatte zwei Spiegel so geschickt angeordnet, daß er den Küchentisch vom Wohnzimmer aus kontrollieren konnte, das half. Nach kurzer Zeit klaute sein Hund auch dann nicht, wenn der ‚Köder' auf dem Küchenstuhl deponiert war.

Als Lösungsmöglichkeit könnten Sie ggf. auf die Idee kommen, nichts Eßbares mehr auf dem Tisch stehen zu lassen. Würde ich das gelten lassen, müßte dieses Buch heißen: „Wie lasse ich mich von meinem Hund erziehen".

Manchmal tauchen Probleme auf, die nicht so einfach zu lösen sind. Sollten Sie mit solchen konfrontiert werden und keine Lösung finden, experimentieren Sie nicht herum. Es bestünde sonst die Gefahr, daß durch solche Versuche spätere Lösungswege verbaut oder zumindest erschwert werden.

Wenden Sie sich lieber an einen (oder besser mehrere) ‚Spezialisten'. Ob Ihr Spezialist wirklich einer ist, müssen Sie selbst herausfinden. Lassen Sie ihn seinen Lösungsweg detailliert beschreiben; ist er einleuchtend? Sofern Sie zweifeln – es gibt viele Spezialisten. Sie finden sie über

Was ist das Problem	Wann tritt es auf	Mögliche Erklärungen	Lösungsmöglichkeiten
Er klaut	– wenn er Eßbares findet – wenn etwas Leckeres verführt – wenn er hungrig ist – wenn er sich unbeobachtet fühlt	– er ist ein Vielfraß – er ist ein Gourmet – er bekommt zu wenig – er weiß, er soll nicht klauen	– Futter auf mehrere Mahlzeiten verteilen – sein Futter schmackhafter zubereiten – Futtermenge erhöhen – er muß sich immer beobachtet fühlen

Ihren Rassehundeclub, über Ihren Tierarzt oder unter Autoren, die in dem Sachgebiet zu Haus sind wie die Tierpsychologin Myrna Milani, die Sie in der „unsichtbaren Leine" lehrt, wie unterschiedlich die Sinneswahrnehmungen von Mensch und Hund sind. Verstehen der Reaktionen Ihres Hundes erleichtert die Erziehung! Der Weg zum Kenner der betreffenden Rasse, meist über den VDH, dann über die Geschäftsstelle des Vereins zum zuständigen Obmann etc. mag Ihnen umständlich erscheinen, lohnt jedoch oft die Mühe.

Schwimmen

Die meisten Hunde lieben das Wasser. Auch wenn Sie meinen, der nasse Hund würde nur Ihr Auto beschmutzen oder das möglicherweise kalte Wasser wäre nicht gut für ihn – lassen Sie ihn schwimmen! Für die Jagdhundrassen gehört die Wasserarbeit zu den späteren Aufgabenbereichen; Neufundländer waren ursprünglich Rettungshunde zu Wasser und Pudel sind geborene Wasserhunde.

Das frühe Gewöhnen an das kühle Naß bedeutet für die meisten Hunde einen großen Vorwärtsschritt in ihrer wesensmäßigen Entwicklung. Das Beherrschen des zunächst fremden Elementes Wasser gibt dem jungen Hund Selbstsicherheit. Für einen Welpen, der noch unbekümmert im Leben steht, bedeutet die Gewöhnung ans Wasser keine Schwierigkeit. Später durchlebt der junge Hund eine Phase der Unsicherheit, in der das Schwimmenlernen zum Streß werden kann. Lernt er es nicht, sieht aber andere Artgenossen, die sich im Wasser tummeln, ist der Streß noch größer.

Zwingen Sie den Hund auf keinen Fall ins Wasser zu gehen. Schicken sie einen anderen Hund, zu dem er Vertrauen hat (z.B. seine Mutter), ins Naß, in der Hoffnung, daß er ihm oder ihr folgen wird. Oder werfen Sie eine ‚Beute' – etwa eins seiner Spielzeuge – hinein, damit er hinterherschwimmt. Wenn alles nicht hilft, ziehen Sie die Badehose an, um ihn hinein zu locken.

Wichtig ist, daß er schwimmen lernt, bevor er vier Monate alt wird – im Kindergarten, spätestens in der Grundschule. Unsere Welpen lernen es mit sieben Wochen.

Gewöhnung des Hundes an das Wasser über den Beutetrieb. Wecken des Interesses.

Nachschau hinter geworfenem Bringsel.

Start in tieferes Gewässer.

Kurz vor dem Ziel.

Beute gemacht!

Die „freie Folge" (bei Fuß-gehen ohne Leine)

Die Leinenführigkeit haben Sie fleißig geübt, den Schwierigkeitsgrad schrittweise gesteigert. Schlangen- und Zickzacklinien, in verschiedenen Tempi gegangen, wurden ebenso zu einem lustigen Spiel wie abrupte Kehrtwendungen. Bahnhöfe und Fußgängerzonen dienten als Teststrecken und schließlich bestritten Sie einen Parcours mitten durch andere Hunde.

Für die ersten Schritte ohne Leine suchen wir ein Gelände, auf dem ihn keine Verleitungen von unserem Ziel ablenken. Wie wär's mit einem Schulhof? Nach einem ausgiebigen Spaziergang, bei dem er reichlich Gelegenheit hatte, sich auszutoben (Disposition), treffen wir dort ein, um zunächst einige Minuten mit der Leine zu gehen. Hat er heute nicht seinen besten Tag, können wir unsere Pläne auf morgen verschieben. Ist er gut konzentriert, wagen wir es: „Arco, Sitz!', Leine vom Halsband lösen und auf geht's: „Arco, Fuß!"

Während der ersten Strecke – zehn, maximal fünfzehn Meter geradeaus – reden wir fortwährend mit ihm, um seine Aufmerksamkeit zu fesseln und achten darauf, daß er stets auf richtiger Höhe ist – mit seinem Hals an unserer linken Seite. Übertreiben Sie nicht! Schon nach wenigen Schritten setzen Sie ihn hin, um ihn ausgiebig zu loben. Dann gehen wir die gleiche Strecke wieder zurück.

Was kann schief gehen?

– Er rast los wie eine Rakete... Sie bleiben stehen, rufen ihn, legen die Leine wieder an, machen ihm klar, daß er Mist gebaut hat und gehen eine Runde streng mit Leine. Jetzt folgt der zweite Versuch.

– Er bleibt zurück... Locken Sie ihn auf Ihre Höhe, dann gehen Sie schneller, noch schneller.

– Er weicht seitlich aus... Das verhindern Sie indem Sie an Mauern, Zäunen oder Ähnlichem vorbeigehen.

Viel mehr kann nicht passieren. Wenn die Gefahr besteht, daß er immer losprescht, sobald sich die Leine löst, sollten Sie außer der Leine noch eine leichte, aber stabile Kordel an seinem Halsband befestigen. Gewöhnen Sie ihn erst an diese Kordel, von der ein Stück über den Boden schleift, immer wenn er an der Leine geht. Nun proben wir den Ernstfall; das andere Ende der Kordel binden Sie an einem Baum oder Bodeneisen fest (das darf er natürlich nicht mitbekommen). Rast er wieder los, wird ihn die Kordel bremsen.

Solche Tricks kann man nicht mehrfach anwenden, denn er lernt sehr schnell, ob an seinem Halsband etwas befestigt ist oder nicht. Deshalb muß der erste und einzige Versuch überzeugend wirken.

Die erste Woche üben wir das Frei-bei-Fuß-gehen ausschließlich auf unserem Schulhof bzw. auf dem von Ihnen auserkorenen Gelände. Die Strecken werden länger; Kurven, Zickzacklinien und Kehrtwendung kommen hinzu; das Schrittempo variiert ständig. Es soll keine Langeweile aufkommen. Gegen Ende dieser ersten Übungswoche scheren wir uns einen Teufel um seine Disposition – frisch aus dem Auto, ohne zuvor die Möglichkeit gehabt zu haben, sich auszutoben – muß er zeigen, ob er es kapiert hat.

Die zehn bis fünfzehn Übungsminuten der zweiten Woche verbringen wir abwechselnd auf dem Schulhof und einer Wiese ohne besondere Verleitungen. Dort, auf der Wiese nehmen wir Rücksicht auf seine Disposition; auf dem Schulhof arbeiten wir ihr entgegen. In der dritten Woche wird das langweilige Schulhofgelände zum Spielplatz: Wir toben zusammen, werfen ihm Bällchen oder versuchen sonstwie, ihn emotional aufzuladen. Ist er auf dem Höhepunkt, heißt es wieder: „Arco, Fuß!"

Zwischendurch befehlen Sie des öfteren SITZ. Damit steigern Sie seine Konzentration, gönnen ihm gleichzeitig eine kleine Pause.

Verleitungen bauen wir sehr vorsichtig, stufenweise nach ihrem Stärkegrad ein. Wie stark jede mögliche Verleitung auf **Ihren** Hund wirkt, dessen sollten Sie sich deutlich bewußt sein... Damit sind wir schon beim nächsten Thema.

Frei bei Fuß in der Fußgängerzone. Hat die Ausbildung frühzeitig begonnen, läßt sich das schon mit einem knapp 15 Wochen alten Welpen machen.

„Wer kennt schon seinen Hund?"

Nehmen wir die Frage nicht auf die leichte Schulter! Sie verbrachten bereits eine beträchtliche Zeit mit ihm zusammen, verlebten viele schöne Stunden mit ihm, und manchmal gab es auch Ärger. Wie's halt so ist in engen Beziehungen.

Aber, kennen Sie ihn wirklich? Eine Vielzahl von ,Eigenheiten" oder ganz bestimmten Verhaltensweisen mögen Ihnen aufgefallen sein, von ,Wenn er andere Hunde sieht, gehorcht er überhaupt nicht',

‚Sobald man ihn allein läßt, beißt er alles kaputt', bis hin zu „Jeden Abend bekommt er seine verrückten Fünf-Minuten, dann rennt er wie ein Wilder durchs Haus, bis etwas zu Bruch geht'. Die Aufzählung ließe sich beliebig fortsetzen.

Solches Verhalten lediglich zu konstatieren, bringt uns nicht weiter. Um ihn zu verstehen, müssen wir eine Antwort auf die Frage finden, warum er tut, was er tut; was manchmal gar nicht so einfach ist.

Oft treten scheinbar gegensätzliche Wesenseigenschaften gleichzeitig auf. Z.B. physische Härte (die Fähigkeit, körperlichen Schmerz ohne nachhaltige Beeindruckung zu überwinden) mit psychischer Weichheit gepaart! Daß ein scharfer Geselle nicht selten nur (?) ein Angsthase ist, wissen wir alle. Umgekehrt paßt die Vorstellung von einem sehr sicheren, unerschrockenen Vierbeiner mit ausgesprochener Sanftheit weniger in unser Klischee, obwohl das ebenso häufig vorkommt.

Ein Jagdhund mit ausgeprägten oder gar *sehr* ausgeprägten jagdlichen Trieben muß weder eine Temperamentskanone sein, noch sollten diese Triebe sein Handeln motorisch erscheinen lassen – weil das seiner Führigkeit sehr abträglich wäre.

Die Zerstörungswut des Alleingelassenen deutet auf Langeweile und keinesfalls, wie immer behauptet wird, auf einen Racheakt; die ,verrückten Fünf-Minuten' auf allgemeine (physische und/oder psychische) Unterforderung oder auf ein Nicht-ausleben-können eines bestimmten, stark ausgeprägten Triebes.

Zum besseren Verständnis Ihres Freundes schlage ich ein Spielchen für miserable Fernsehabende vor. Auf der nächsten Seite finden Sie einen (leicht modifizierten) Schlußbericht des ,Wesenstest nach Schweizer Muster', der für viele Rassen verwendet wird, – in diesem Fall für eine Jagdhundrasse. Kopieren Sie das Formular und händigen Sie Familienmitgliedern oder Freunden

(die Ihren Hund gut kennen) ein Exemplar aus. Jeder für sich soll den Bogen ausfüllen. Anschließend wird verglichen. Abweichungen in der Beurteilung und Meinungsunterschiede führen zu einer lebhaften Diskussion.

Sie werden vielleicht feststellen, daß jeder die Beurteilung einzelner Begriffe unterschiedlich interpretiert; das ist nicht entscheidend, denn Sie können sich mit Be- oder Umschreibungen helfen. Wichtig ist, den eigenen Hund zu analysieren – einmal im Vergleich zu Artgenossen seiner Rasse, zum anderen im Vergleich mit Vertretern anderer Rassen. Dadurch lernen Sie ihn besser kennen und können nötigenfalls Ihr Verhalten ihm gegenüber korrigieren.

Wesenstest nach Schweizer Muster
– vom Autor geringfügig modifiziert –

Intensitätsgrad der Trieb- und Wesenseigenschaften

Temperament ☐

Bewegungstrieb ☐

Bindung zum Führer ☐

Spieltrieb ☐

Führigkeit ☐

Mißtrauen ☐

Wesenssicherheit ☐

Auch uns selbst sollten wir analysieren:

Ist es uns gelungen, unsere theoretischen Kenntnisse in die Praxis umzusetzen?

Können wir uns in unseren kleinen Freund hineinversetzen?

Gestalten wir die Übungsminuten wirklich so, daß sie ihm Spaß machen?

Sind wir fähig, ihn zu begeistern?

Haben wir uns inzwischen soviel Selbstbeherrschung angewöhnt, daß das Training emotionslos verläuft – besonders wenn etwas nicht auf Anhieb klappt?

Gelingt es uns, unsere Stimme virtuos einzusetzen; mal freundlich lockend, mal euphorisch aufmunternd, mal beruhigend lobend und manchmal auch drohend?

Verwässern wir immer noch die Kommandos durch unnützes Bla-Bla („Nun setz' dich mal hin", „Willst du wohl kommen", etc.)?

Belassen Sie es nicht bei einer einmaligen Analyse.

Besonders interessant wäre eine Wiederholung nach einem halben Jahr. Dabei kommt man manchmal zu überraschenden Ergebnissen, wenn man die Beurteilungsbögen vergleicht.

Es ist durchaus denkbar, daß die spätere Analyse deutlich bestätigt, daß sich durch veränderte Behandlung nach der Erstanalyse positive Veränderungen ergeben haben.

Beurteilung:

0 – 1 Pkt . nicht vorhanden; fehlend; nicht nachweisbar
2 – 3 Pkte. in geringem Maße vorhanden
4 – 6 Pkte. in mittlerem Maße vorhanden
7 – 8 Pkte. ausgeprägt vorhanden
9 –10 Pkte. sehr ausgeprägt vorhanden

Physische Härte	☐	Unsicherheit	☐
Ausdauer	☐	Ängstlichkeit	☐
Aufmerksamkeit	☐	Schreckhaftigkeit	☐
Spür- u. Stöbertrieb	☐	Nervosität	☐
Beute- u. Bringtrieb	☐	angstbedingte Schärfe	☐
Kampftrieb	☐	sicherheitsbed. Schärfe	☐
		Schußscheue	☐
		Menschenscheue	☐

Problemdiagnose

Mancher von Ihnen wird dieses oder ein anderes Ausbildungsbuch erst lesen, lange nachdem sein Liebling dem Welpenalter entwachsen ist. Sei es, weil man es nicht besser gewußt hat; sei es, weil das ehemals süße, kleine Kerlchen inzwischen ein Verhalten an den Tag legt, das man nicht mehr tolerieren kann.

Ob er nun mit seinen dreckigen Schlammpfoten eine vornehme Spaziergängerin ansprang, die zufällig einen Haute-Couture-Mantel trug, oder Radfahrern hinterher rennt und so zu einer öffentlichen Gefahr wird, oder ob er manchmal Joggern in die Wade beißt.

Über eins sollte man sich in dieser Situation vollkommen klar sein. Es ist nicht so, daß der unausgebildete Hund bisher nichts gelernt hat. (Ganz gleich, ob er nun sechs oder sechzehn Monate alt ist.) Im Gegenteil, er hat eine ganze Menge gelernt – und da liegt das Problem.

Er lernte sehr schnell, das zu tun, was er will; lernte vor allem, wie er seinen Willen durchsetzen kann. Er lernte, Ihre leeren Drohungen, Ihr Geschimpfe und möglicherweise den Klaps mit der zusammengerollten Zeitung als normales Verhalten Ihrerseits ertragen zu müssen und mißt dem heute keinerlei Bedeutung mehr bei.

Ebenso lernte er, aus Ihren Gesten das nahende Gewitter frühzeitig zu erkennen. Die ‚Demutshaltung', die er schon vor dem ersten Donner einnimmt, zeugt nicht von einem schlechten Gewissen, auch nicht von Angst oder Unterordnungsbereitschaft (dazu hat er das viel zu oft erlebt), sondern entstammt der Erkenntnis, daß die schwarzen Wolken auf diese Weise schneller vorüberziehen!

Alles Unangenehme, das von Ihnen als Korrektur, als Erziehungsmaßnahme, als Strafe gedacht war, nimmt er als selbstverständlich hin – genauso selbstverständlich, wie er sein Futter erwartet.

Nehmen wir als Beispiel einen erwachsenen Hund, der nie gelernt hat, richtig an der Leine zu gehen. Sie können das fast täglich beobachten: Er zerrt Herrchen oder Frauchen mal in die Richtung, mal in jene, wie es ihm gerade gefällt. Daß er dabei manchmal röchelt, weil ihm das Halsband die Luft abschnürt, stört ihn überhaupt nicht; daran hat er sich längst gewöhnt. Taucht plötzlich etwas Interessantes in seinem Gesichtsfeld auf, macht er einen Satz, daß es dem Führer fast den Arm auskugelt. Der Druck des Bandes an seinem Hals ist beträchtlich, doch mit der Zeit wurde er abgehärtet.

Große, kräftige Hunde, die nicht gelernt haben, wie man an der Leine geht, werden oft an Stachelhalsbändern geführt. Wenn der Besitzer mit einem normalen Halsband nicht geschafft hat, seinem Hund die Leinenführigkeit beizubringen, wird es ihm wahrscheinlich mit einem Stachelhalsband auch nicht gelingen. Der Schmerz ist zwar größer, aber der Hund hat ja gelernt, den Schmerz zu ertragen.

Viele Hundebesitzer kommen ohne jede Anleitung mit ihren Vierbeinern zurecht. Einige schaffen es trotz ernsthaften Bemühens nicht. Woran liegt das? Nein, an den Hunden liegt es bestimmt nicht. Es ist zwar eine beliebte Ausrede „unser Hund ist halt so", aber, das muß klargestellt sein, eben nur eine Ausrede.

Disziplin

Unsere geliebten Wauwaus stammen von Wölfen ab und sind wie diese Rudel- oder Meutetiere. In jedem Rudel gibt es einen Chef, das Alpha-Tier – und viele andere, die meistens versuchen, ihm diese Stellung streitig zu machen. Bei unseren Hunden ist es genauso. In jedem von ihnen existiert der Wunsch – wenn auch verschieden stark ausgeprägt – auf der Rangordnungsleiter eine möglichst hohe Stufe einzunehmen.

Obwohl es im Wolfsrudel nicht ständig zu Machtkämpfen kommt, erinnert der Boss täglich seine Untergebenen daran, wer welche Stellung innehat. Er tut dies, um Rivalitäten und Aufsässigkeiten vorzubeugen, so daß es kaum zu Konflikten kommen kann.

Kleinigkeiten sind es, die Ordnung und Disziplin gewährleisten: Ein scharfer Blick, eine drohende Geste, ein leises Knurren. Die Mitglieder der Meute fassen dies nicht als unangenehme Disziplinierung auf. Im Gegenteil – sie mögen eine feste Ordnung und ein geregeltes Leben.

Als Menschen besitzen wir nicht die vielfältigen Möglichkeiten des Alpha-Wolfes, um uns unserem Hund verständlich zu machen. Was ist zu tun?

Die einzige praktikable Lösung besteht in einem ausgedehnten Gehorsamstraining. Jeder Hund, auch der schlimmste Chaot, kennt ein Kommando, welches er einigermaßen zuverlässig ausführt – selbst wenn es nur das SITZ ist. Damit wollen wir beginnen.

Gehorsamstraining
Bleiben wir bei dem Beispiel SITZ. Alle anderen Kommandos sollten Sie für die nächsten Wochen vergessen – alle!

Nehmen Sie einen Bogen Papier zur Hand, wir machen einen Trainingsplan:

1. In welcher Situation führt er das Kommando zuverlässig aus (z. B. im Wohnzimmer, wenn nichts besonderes los ist)?
2. In welchen Situationen führt er es relativ zuverlässig aus (z. B. angeleint / unangeleint im Garten; beim Spaziergang)?
3. In welchen Situationen führt er es bestimmt nicht aus (z. B. wenn er mit anderen Hunden spielt; wenn er eine Spur verfolgt; wenn er frißt; wenn er anschlägt, etc.)?

Sie sollten mindestens zwanzig verschiedene Situationen finden oder erfinden, in denen das SITZ-Kommando gegeben werden könnte. Dann bringen Sie diese Situationen in eine Reihenfolge nach ihrem Schwierigkeitsgrad.

Angeleint ist natürlich leichter als freilaufend. Welchen Verleitungen (Futter, andere Hunde, Spuren etc.) für Ihren Hund schwierig, welche weniger schwierig sind, müssen Sie selbst beurteilen.

Ein Kommando aus nächster Nähe kann kinderleicht sein; ein SITZ aus fünfzig Metern Entfernung – wenn er gerade hinter einem Hasen herhetzt – ist schon eine Meisterleistung.

Üben Sie das Sitz in den verschiedenen Situationen, wobei Sie schrittweise den Schwierigkeitsgrad steigern. Zehn SITZ pro Tag – in zeitlichen Abständen versteht sich – ist das Mindeste. Lassen Sie sich Zeit, Hundeausbildung ist kein Wettrennen.

Sind Sie auf der höchsten Schwierigkeitsstufe angekommen und das SITZ klappt wirklich in 99 % aller Fälle, wird es Zeit, sich nach einem zweiten Kommando umzusehen.

KOMM ist ungeeignet, weil Ihnen die Kontrolle über ihn fehlen würde. (Lassen Sie sich nicht zu einer langen Leine überreden, mit der Sie ihn heranziehen; wenn Sie es danach das erste Mal ohne diese Leine versuchen, wird er garantiert das Weite suchen.)

Am besten eignet sich das BLEIB. Gehen Sie in gleicher Weise vor, wie bei unserem SITZ-Beispiel: Überlegen Sie – bevor Sie blind anfangen – in welchen Situationen es ihm leicht fallen wird, liegen zu bleiben, in welchen weniger leicht und in welchen es ihm schwerfallen wird.

Starten Sie im Haus oder Garten; entfernen Sie sich eine kurze Distanz von ihm: „BLEIB – so ist's b-r-a-v".

Übertreiben Sie die Dauer des Liegenbleibens nicht, damit keine ,Mißerfolge' entstehen. Es geht nicht darum zu testen, wie lange er wohl liegen bleiben wird, es geht darum, ihn ans Liegenbleiben (und damit an Gehorsam) zu gewöhnen.

Die Früherziehung haben Sie verpaßt (oder verpatzt). Ihre Situation entspricht der eines Mannes, der sein gesamtes Hab und Gut bei einer Börsenspekulation verlor. Nun müssen Sie jeden Pfennig umdrehen, um wieder eine Million zusammen zu kratzen. Es besteht kein Grund zur Eile. Jeder Mißerfolg kostet Sie mindestens 10 % Ihres Kapitals.

Bleibt Ihr kleiner Liebling endlich dreißig Sekunden liegen, fangen Sie an, ihn zu umkreisen; zuerst in kurzem Abstand zu ihm, dann wird aus dem Kreis eine Spirale: Die Entfernung wird von Mal zu Mal größer...

Sie werden festgestellt haben, daß einerseits der Zeitfaktor (wie lange er BLEIBEN soll) eine Rolle spielt, andererseits ist der Erfolg von Ihrer Nähe (oder Entfernung – also Distanz) abhängig, zum Dritten ist seine ‚Disposition' von ausschlaggebender Bedeutung (an manchen Tagen gelingt alles, an anderen ist es wie verhext). Seine ‚Disposition' in den Griff zu bekommen ist viel schwieriger als räumliche oder zeitliche Abstände zu variieren!

Wenn Sie ihn aufmerksam beobachten, wird es leicht gelingen, Phasen der Aufmerksamkeit und Konzentration für die Übungsminuten zu nutzen.

Später werden wir das Gegenteil tun. Seine ‚Disposition' wird immer weniger berücksichtigt, Distanzen von Raum und Zeit werden schrittweise erhöht. Manchmal werden Sie sich hinter einem Baum, einem Strauch oder hinter einer Häuserecke verstecken, und er wird trotzdem liegenbleiben.

Das „Komm"
(beim ‚verdorbenen' Hund)

In Kapitel IV, „Ein wenig Theorie", S. 52, zählten wir vier Punkte auf, die darüber entscheiden, ob ein Kommando ausgeführt wird oder nicht:
– Kennen des Kommando-Wortes
– innere Disposition
– Verleitungen
– an Gehorsam gewohnt sein.

Nehmen wir an, Ihr Vierbeiner ist dem Halbstarkenalter bereits entwachsen, Sie haben in Sachen Ausbildung keine oder nur geringe Erfolge erzielt oder noch gar nicht mit der Erziehung begonnen. Zu den genannten vier Punkten kommen dann zwei weitere hinzu:
– Der Hund hat ‚gelernt', ungehorsam zu sein.

In der Vergangenheit gaben Sie ihm immer wieder – täglich mehrmals – Kommandos, auch wenn Sie sich dessen nicht bewußt waren. Ob er diese ausführte, blieb ihm weitgehend selbst überlassen.
– Anstatt zu lernen, daß man Kommandos ausführen *muß*, lernte er, selbst darüber zu entscheiden, ob er den Befehl befolgt oder nicht. Diese – unbewußte – Erziehung zum Ungehorsam dürfen Sie keinesfalls als eine dumme Angewohnheit betrachten, die der so geprägte Hund morgen wieder ablegen könnte. Zeit seines Lebens hat er nie etwas anderes kennengelernt.
– Gleichzeitig haben Sie Ihre Position als Alpha-Tier, als Rudelchef untergraben. Die tägliche Praxis hat ihm gezeigt, wie weit – räumliche Entfernung – Ihr Einflußbereich, Ihre Machtkompetenz reicht.

Und nicht nur das; erfahren hat er auch, daß nichts Dramatisches passiert, wenn er sich Ihren Wünschen widersetzt. Ihre Autorität haben Sie zu einem großen Teil verspielt, als Respektsperson sind Sie nur noch die Hälfte wert.

Die Bedeutung des Kommandos KOMM kennt er – davon können wir in diesem Alter ausgehen. Um seine innere Disposition kümmern wir uns zunächst aus zwei Gründen nicht.

Erstens müssen wir das KOMM-Kommando eh' gegen seinen Willen – und damit auch gegen seine Disposition – durchsetzen, und zum zweiten trainieren wir anfangs nur unter Kontrolle, was bedeutet, die Ausführung eines Befehls jederzeit – notfalls mit Gewalt – herbeiführen zu können.

Beginnen wollen wir wieder in Ihrer Wohnung; möglichst in dem Raum, wo er sein Futter bekommt. Sie suchen sich eine Ecke dieses Zimmers aus, in der Sie während der nächsten Tage immer stehen werden, wenn Sie ihn zu sich rufen. Ihn immer **zum gleichen Ort** zu rufen, ist in dieser Phase ganz wichtig. Wiederholen Sie das KOMM-Kommando auf keinen Fall. „Randy," (Pause) „KOMM". Kommt er nicht sofort, laufen Sie blitzschnell zu ihm, fassen ihn am Nackenfell und bringen ihn zu dem Punkt, von dem aus Sie ihn riefen. Versuchen sie Ihrer Stimme eine andere Klangfarbe zu geben, schreien dürfen Sie auf keinen Fall. Ein leicht drohender Unterton wirkt Wunder.

Nach einigem Üben rufen Sie, während er schläft, oder wenn er dabei ist, seinen Futternapf zu leeren. Klappt es nicht, rasen sie zu ihm, schütteln ihn kräftig am Nackenfell und ziehen ihn zum ‚Ruf-Punkt'. Das Schütteln des Nackenfells (= Strafe) erfolgt immer an dem Ort des Ungehorsams. Kommen Sie bloß nicht auf die Idee, ihn erst zu sich zu zerren, um ihn dann zu bestrafen.

Gehen Sie in der Folge der Übungen keinen Schritt weiter, bevor das KOMMEN in dem ausgewählten Raum nicht hundertprozentig und in allen erdenklichen Situationen funktioniert. Der zweite Übungsort könnte Ihr Garten sein, sofern dieser nicht so groß ist, daß der Hund Ihnen entwischen kann. Achten Sie darauf, die räumliche Entfernung zunächst gering zu halten. In jedem Fall muß er Sie sehen können, damit das bißchen Autorität, das Ihnen bleibt, voll auf ihn wirken kann.

Konsequent sein!
Ein Kommando, ist es einmal gegeben, muß unbedingt ausgeführt werden – sofort! Das gleiche gilt für Verbote. Wollen Sie nicht, daß Ihr Struppi sich auf Ihrer Polstergarnitur breitmacht, können sie ihm dies nicht sonntags verbieten und werktags erlauben. Entweder er darf, oder er darf nicht.

Unsere Hunde werden nicht vom Tisch gefüttert. Nie käme einer von ihnen auf den Gedanken, bei meiner Frau oder mir zu betteln. Nur wenn die Schwiegermutter zu Besuch kommt, fällt ab und zu ein Bröckchen heimlich herunter. Sie ist ständig umringt von bettelnden und speichelnden Hunden, während wir essen. Zu Weihnachten '87 hatte sich Oma besonders fein gemacht. Schon nach der Vorspreise (es gab Hummer) war der Brokatstoff ihres Kleides von Hundespeichel durchnäßt. Das machte sie furchtbar wütend und zum x-ten Male unternahmen wir den Versuch, ihr den Zusammenhang zu erklären (heute ist sie 78 und wir haben's halt aufgegeben).

Herr Prof. Z. und seine Frau Gemahlin besuchten seit mehr als einem Jahr unsere Übungswiese mit der besonders leichtführigen Labrador-Hündin Leica. Als ich mich an diesem Sonntag den Herrschaften näherte, um sie zu begrüßen, zeigte Leica überschwenglich ihre Freude, mich wiederzusehn. Leica liebt mich abgöttisch. Ihren Besitzern gefiel das gar nicht. „Leica, sitz!" Anstatt zu gehorchen, sprang Leica an mir hoch und versuchte, mit ihrer nassen Zunge meine Brille zu reinigen. „Leica, setz' dich!" Leica freute sich weiter. „Leica, jetzt ist's aber genug, setz' dich hin!" Leica's Freude dauerte an. „Zu Hause setzt sie sich, wenn ich es ihr sage", meinte der Professor. Ich hatte einen schlechten Tag und war des grausamen Spiels überdrüssig; also ergriff ich die Initiative: „Leica, ...Sitz!!!" Wie nicht anders erwartet, setzte sich Leica sofort, wedelte dabei kräftig mit der Rute und himmelte mich an wie ein verliebter Teenager.

Woher rührt diese ‚Hörigkeit' der selbstbewußten Hündin mir gegenüber? Leica braucht einen Chef – jemanden, der ihr unmißverständlich sagt, was sie zu tun und zu lassen hat – ein Alpha.

Sie gehorchte auf's Wort. Nicht nur mir – jedem unserer Ausbilder und allen Ausbildungshelfern. Nur bei Herrchen und Frauchen gab's Probleme... Keine Spur von Konsequenz!

Konsequent-sein-können ist keine Frage von Intelligenz, schon eher hat es mit Selbstbeherrschung zu tun. Nach meinen Erfahrungen gehen Frauen mit ihren Hunden konsequenter um als Männer. Überhaupt sind Frauen – besonders auf hohem Ausbildungsniveau – bessere Ausbilder als Männer. Vielleicht weil sie mehr Einfühlungsvermögen haben.

Zurück zur Konsequenz. Machen Sie ein Spiel daraus. Jedesmal wenn Ihr Partner Sie bei einer Inkonsequenz erwischt – oder Sie ihn – kostet es den Sünder fünf Mark für die Urlaubskasse.

Leinenführigkeit (mit dem erwachsenen Hund)

Ihr niedlicher kleiner Welpe, mit dem Sie ursprünglich die ganze Welt erobern wollten, der ein Superzuchthund und Star aller Ausstellungsringe werden sollte, ist inzwischen erwachsen und zerrt immer noch wie ein Wilder an der Leine? Haben Sie nun allen Mut verloren und resümieren: Wir hatten halt das Pech, einen unverbesserlichen Rüpel (bzw. eine zickige Hundedame) bekommen zu haben? Die Schuld liegt also – wie könnte es anders sein – beim Hund!

Gegen solche Einstellung ist kein Kraut gewachsen. Ich kann Ihnen nur versichern, daß es den perfekten Hund nicht gibt. Folglich hat jedes Exemplar seine Macken. Solange die Fehler beim Hund gesucht werden, ist jeder Hilfeversuch hoffnungslos.

Haben Sie sich einmal gefragt, warum er an der Leine zerrt?

Lassen Sie mich – während Sie darüber nachdenken – noch eine Geschichte erzählen. Ralf und Inge bekamen von ihrem Schwiegersohn einen Welpen geschenkt; sozusagen als Ersatz für die einzige Tochter, die

er ihnen soeben entwendet hatte. Für die beiden erfüllte sich ein Traum – schon lange schwärmten sie von einem Riesenschnauzer.

Doch bald darauf stolperte Ralf auf der beruflichen Leiter ein paar Sprossen nach oben. Er brauchte viele Monate, bis er seinen neuen Aufgabenbereich soweit im Griff hatte, daß sein Privatleben nicht mehr zu kurz kam. Aus ‚Marco' war inzwischen ein prächtiger, kraftstrotzender Rüde geworden. Als Betrachter konnte einem Angst und Bange werden, um die zierliche, kleine Inge, die von ‚Marco' am anderen Ende der Leine durch die Landschaft gezogen wurde.

Ralfs Entschluß, sich nun ernsthaft um die Ausbildung seines Prachtexemplares zu kümmern, fiel in eine Phase, in welcher der temperamentvolle Jungrüde seiner Pubertät gerade ade sagte. Für Ralf – ein Kerl wie ein Baum – wäre es ein leichtes gewesen, so ein lächerliches 40-kg-Hundchen zu züchtigen. Aber er hegte andere Pläne.

Was ihm an seinem ‚Marco' so sehr gefiel, war dessen stolze Kopfhaltung. Sie drückte Adel aus! So wie man von einem Pferd sagt, es sei edel, wirkte ‚Marco' souverän, überlegen, selbstsicher, mit einer Spur von Überheblichkeit – um nicht zu sagen Arroganz. Das war es, was Ralf so gut gefiel, und was er auf keinen Fall verlieren wollte. Er wußte andererseits um die Sensibilität seines Lieblings und überlegte lange, wie er vorgehen würde, bevor er zur Tat schritt.

Weil ihm dies am dringlichsten erschien, begann er mit der Leinenführigkeit. Bei seinen Überlegungen ging er davon aus, daß ‚Marco' sein Leben lang an der Leine gezerrt hatte und diese Gewohnheit nicht schrittweise zu ändern sei, sondern abrupt beendet werden müsse. Für ‚Marco' bedeutete das, etwas – was er bisher immer ungestraft tun durfte – nun nicht mehr tun zu können. Zum ersten Mal in seinem Dasein würde

Geht der Hund an der Leine (oder wie hier frei-bei-Fuß) ist die wichtigste Voraussetzung seine volle Konzentration auf den Führer. Sofern der erwachsene Hund nie gelernt hat, was Konzentration (auf den Führer) bedeutet, muß man mit kurzen Übungseinheiten beginnen. Eine Minute kann machmal schon zuviel sein.

Machen Sie es ihm nicht unnötig schwer. Wählen Sie keinen Übungsort, wo Verleitungen ihn ablenken könnten.

Eintöniges Geradeaus-gehen in gleichbleibendem Tempo ist langweilig und nicht geeignet, seine Konzentration zu erlangen und zu behalten. Gehen Sie in Zickzack- und Schlangenlinien, wechseln häufig das Tempo, bleiben öfter mal stehen, sind Sie seiner Aufmerksamkeit gewiß.

Einen müden Krieger motivieren Sie durch ,action' – flotte Bewegung und viel Abwechslung. Die Konzentration eines Temperamentbündels erreicht man eher, indem man ihn durch beruhigendes Zureden und gemäßigtes Schreiten ruhig macht.

jemand sein gewohntes Verhalten ‚bestrafen' und ein anderes erzwingen.

Auf diese tiefgreifende Veränderung bereitete Ralf seinen ‚Marco' mit großer Sorgfalt vor: Am Tag vor dem Start gab es kein Futter und keinen Spaziergang. Die Nacht verbrachten die beiden gemeinsam auf einer Matratze im Partykeller. Das Frühstück sah man Herrn und Hund gemeinsam auf dem Fußboden der Diele einnehmen – übrigens viel früher als sonst.

Die Leine blieb an ihrem Platz, denn auch hierfür hatte Ralf sich etwas Neues einfallen lassen, um keine Assoziationen mit der Vergangenheit in ‚Marcos' Kopf aufkommen zu lassen.

Die Fahrt führte in ein ‚Marco' völlig unbekanntes Gelände. Angekommen überdachte Ralf noch einmal seinen Plan, während ‚Marco' für die Dauer einer Zigarette Gelegenheit gegeben war, die Umgebung zu erkunden. Bevor ihm Ralf das neue Halsband – diesen ungewohnten Würger – über den Kopf stülpte, redete er lange auf ihn ein. „Ich habe ihm gesagt, daß im Leben eines jeden Mannes der Tag kommt, an dem er die Zähne zusammenbeißen muß, und daß das heute sein Tag sei", meinte Ralf später.

Nach zwei (!) Schritten an der Leine hätte ihm ‚Marco' fast den Arm ausgerissen. Aber Ralf war gut vorbereitet. Mit einem viel zu kräftigen Ruck an der Leine flog ‚Marco' in die Nähe der Stelle zurück, an die er gehörte – an die linke Wade Ralfs. Der bis dato etwas verhätschelte Schwarze schaute sehr verdutzt. Ralf setzte ihn bei Fuß und nahm sich sehr viel Zeit, um beruhigend auf ihn einzuwirken.

Für den nächsten Versuch plante er nur einen Schritt. Er setzte den linken Fuß vor und zog den rechten nach. Wohl aufgrund seiner Verunsicherung blieb ‚Marco' auf gleicher Höhe. Bevor der nächste Einzelschritt folgte, wurde ausgiebig gelobt. Dann folgten zwei Schritte… Lob…, noch einmal zwei Schritte und wieder Lob, diesmal verbunden mit einem großen Stück Leberwurst.

Dies sei für den Anfang genug, meinte Ralf und legte eine Zigarettenpause ein. Danach fing er wieder mit einem Schritt an. Beim zweiten Versuch mit zwei Schritten vollführte ‚Marco' einen riesigen Satz nach vorne. Noch in der Luft riß ihn die Leine zurück. Aufs Neue beruhigte ihn Ralf. Dann ging er, immer noch in verhaltenem Tempo, vier Schritte, legte eine 90°-Kurve ein und macht vier weitere Schritte. Überschwengliches Lob – der Bann war gebrochen!

Die beiden liefen noch zwei Runden um Ralfs Auto herum, wobei sich die Geschwindigkeit ständig veränderte. Dann befreite er ‚Marco' von seinem Halsband zu einem ausgedehnten Spaziergang.

Ralf festigte das Gelernte, indem er vorläufig nur auf diesem Gelände seinen Hund an der Leine führte. Auch Inge durfte nicht mehr mit ‚Marco' gehen (worüber sie sich sichtlich freute). Von jetzt an war es so, daß, wenn ‚Marco' an der Leine war, er ordentlich bei Fuß zu gehen hatte. Wenn er das manchmal ‚vergaß', blieb Ralf abrupt stehen und brauchte nur „Fuß!" zu sagen.

Soweit die Story von ‚Marco'. Um der Wahrheit die Ehre zu geben, darf ich nicht verschweigen, daß Inge auch heute noch gelegentlich Probleme mit ihm hat.

Warum der **ruckartige** Zug an der Leine so wirkungsvoll ist? Hält man die Leine nur fest, wird der Hund lediglich daran gehindert weiterzugehen. Durch das Zurückziehen der Leine macht man ihm darüber hinaus klar, daß er bereits zu weit vorgelaufen ist. Geschieht das Zurückziehen ruckartig, findet physikalisch eine Verdoppelung der Kräfte statt: Die Wucht des Leinenruckes addiert sich zu der entgegengesetzt verlaufenden Wucht (= Masse x Geschwindigkeit) der Bewegung des Hundes.

Kehrtwendung links! Dabei „geht der Führer in den Hund". Anders ausgedrückt: Der Hund geht einen Halbkreis um den Führer, die Leine wird hinter dem Rücken gewechselt.

Bei Jagdhunden ist diese Übung anders, weil diese meist an der Umhängeleine geführt werden. Würde man mit der Schulterleine die Kehrtwendung nach links machen, wie sie hier von dem Schäferhund gezeigt wird, würde der Jäger von der Leine gefesselt.
Genau wie bei der Wende nach rechts, geht der Jäger um seinen Hund herum.

Zusammenfassung:

1. Halten Sie sich immer vor Augen: Solange er lebt, hat Ihr Kandidat an der Leine gezerrt; er kennt es nicht anders. Für ihn ist das ganz normal und selbstverständlich. Ihre bisherigen Versuche, ihm Leinenführigkeit beizubringen, haben seinen Hals abgehärtet – er wurde daran gewöhnt, daß die Leine ständig stramm war und Druck auf seinen Hals ausübte.

Das alles soll nun anders werden. Es geht nicht schrittweise. Die einzige Möglichkeit ist eine Radikalkur. Will sich jemand das Rauchen abgewöhnen, sind die Erfolgsaussichten am größten, wenn er von heute auf morgen damit aufhört. Versucht er dagegen, jeden Tag eine Zigarette weniger zu rauchen, wird er garantiert rückfällig.

2. Fangen Sie jetzt nicht Hals über Kopf an zu ‚üben‘. Machen Sie sich einen Plan. Berücksichtigen Sie: Vom Tag X an soll Flossy anständig an der Leine gehen. Das bedeutet, von diesem Tage an wird Flossy nur dann angeleint, wenn Leinenführigkeit geübt wird. Zu keiner – absolut keiner – anderen Gelegenheit geht sie angeleint. Wenn Sie – oder ein anderes Mitglied Ihrer Familie – das nicht beherzigen, ist es so, als ob der seit Tagen erfolgreiche Nichtraucher zwischendurch ein paar Glimmstengel qualmt.

Setzen Sie den Tag X fest: Von diesem Zeitpunkt an müssen Sie genügend Zeit und Muße haben, mit Flossy zwei- bis dreimal täglich zu trainieren – zwei Wochen lang.

Suchen Sie ein geeignetes Übungsgelände aus: Anfangs ohne Verleitungen – keine anderen Hunde, keine Zuschauer; neigt sie dazu, dauernd am Boden zu schnüffeln, wählen Sie eine asphaltierte Fläche.

3. Der Tag X wird das Leben Ihres Hundes verändern. Diese gravierende Umstellung sollten sie ihm auch mit anderen Mitteln verdeutlichen: Durch ein neues Halsband, eine andere Leine, durch fremdes Gelände, ungewohnte Trainingszeit etc....

Die beste Möglichkeit bietet sich im Urlaub. Sie haben Zeit und sind nervlich fit. Er erlebt durch den Ortswechsel eine neue Welt, in der ihm die Umstellung bedeutend leichter fällt.

4. Gestalten Sie das Training zu Beginn ganz leicht: Kurze Trainingseinheiten auf ein und demselben einfachen Übungsgelände. Erst wenn es dort gut klappt, wählen Sie ein anderes, etwas schwierigeres Terrain. Auf der neuen Fläche beginnen Sie wieder ganz von vorne: Erst einen Schritt, dann zwei, dann drei, dann Kehrtwendungen, Kurven, Tempowechsel.

5. Sie benötigen seine volle Aufmerksamkeit. Reden Sie mit ihm – dauernd – in aufmunterndem Ton, insbesondere nachdem Sie ihn mit einem kräftigen Leinenruck in die richtige Position gebracht haben. Achten Sie darauf, daß die Leine leicht durchhängt, damit Ihr Ruck auch als solcher verstanden und nicht mit dem Ziehen von früher verwechselt wird.

Versuchen Sie nicht, Richtung und Tempo ihm anzupassen. Sondern tun Sie genau das Gegenteil: Prescht er nach vorne, bleiben Sie abrupt stehen; trottet er hinterher, verfallen Sie in Laufschritt; will er nach links ziehen, gehen Sie im rechten Winkel nach rechts und rucken ihn an Ihre Seite.

Was hier über „Kommen“ oder „Leinenführigkeit“ gesagt wurde, gilt beim verdorbenen Hund sinngemäß für alle anderen Gehorsamsübungen. Es bedarf sorgfältiger Analyse und Vorplanung, dauert seine Zeit, aber fast immer gibt es einen Weg zum Erfolg.

Weiterführende Ausbildung

Wenn man von der Arbeit des Blindenhundes und anderer für den Einsatz bei Behinderten ausgebildeten ,Spezialisten' einmal absieht, gehören das Schützen, das Suchen und das Bringen zu den wertvollsten Diensten, die Hunde uns Menschen leisten.

Die deutlichste Form des Schützens stellt die Verteidigung des Führers dar, bei welcher der Canide ein seinen Herrn *bedrohendes Objekt* angreift. Versetzen wir uns zurück in die Zeit, als unsere Wau-Waus noch Wölfe waren (vor 12 000 Jahren etwa). Daß eine Wölfin ihre Jungen gegen jeden Feind, und sei er auch noch so übermächtig, verteidigt, versteht sich von selbst. Doch der **Schutztrieb** der Wölfe reicht viel weiter: Greift ein Fremdling ein Mitglied des Rudels an, stürzt sich gleich die gesamte Meute auf den Eindringling.

Für unseren Haushund besteht kein Grund, Ähnliches zu tun. Dennoch sind die Anlagen dazu bei einigen Exemplaren noch sehr ausgeprägt. Falsch erzogen (,,programmiert') werden diese oft zu den notorischen Beißern, die der Sensationspresse Grund liefern, bestimmte Rassen pauschal zu verdammen.

Das ,Anschlagen' des Wachhundes drückt auf andere Art ,schützen' oder ,beschützen' aus. Wittert ein Wolf Gefahr in seinem Revier, stimmt er sofort ein ,Warngeheul' an, um die anderen Angehörigen seiner Großfamilie zu informieren. Nichts anderes tut der Wachhund.

Daran sehen wir, die Leistungen unserer Vierbeiner sind nicht nur anerzogen, sie basieren auf angeborenen Trieben und Instinkten, die selbst nach Tausenden von Generationen – vom Urhund, dem Wolf stammend – in unseren Hunden weiterleben.

Seine Nase benutzt der Wolf, um der Spur von kranken, verletzten oder altersschwachen Tieren zu folgen. Die gerissene Beute bringt er zu seinem Rudel. Die Wölfin verfolgt die Spur ihres Wolfsbabys, das sich im jugendlichen Übermut zu weit entfernte, um es (per Nackengriff) in die heimische Geborgenheit zurückzubringen.

Das Suchen und Bringen des Jagdhundes, der einen geschossenen Fasan apportiert, welcher in einem Getreidefeld gelandet war, ist ebenso angewölft wie die Suche des Rauschgifthundes nach Heroin; nur wurde im zweiten Fall die natürliche Veranlagung durch Ausbildung etwas umprogrammiert.

Eine engagierte Hundefrau und gute Freundin schrieb mir vor Jahren: „. . . ist mir zum ersten Mal klargeworden, daß wir Hunden nur beibringen, was sie auch von selbst tun, wie z. B. ,Sitz' – diese willkürliche Handlung mit einem Kommando verbinden und so jederzeit wieder abrufen können. Und daß wir bei schwierigeren Aufgaben die einzelnen Handlungen lediglich neu verknüpfen. Ich glaube, Hundeausbildung sieht für viele Leute ein wenig wie Zauberei aus, weil diese einfache Grundlage gar nicht klar wird." Wie recht sie doch hat. Auch mit dem folgenden Satz:

„Gerade wohlwollende Menschen meinen, daß sie ihren Hunden einen Gefallen tun, wenn sie sich so wenig wie möglich in deren Leben einmischen. Die Tatsache, daß ausgerechnet das ,Arbeiten' mit dem Hund die Bindung verstärkt und ihm Sicherheit und Selbstvertrauen gibt, wird kaum jemand klar."

Kommen wir zu ,schwierigeren Aufgaben'. Am Beispiel des Apportierens wollen wir die entsprechende Ausbildungsweise demonstrieren.

Anstatt ,Stöckchen-werfen'. . .

Immer wieder sieht man bei Spaziergängen Leute Stöcke oder Äste werfen, die dann apportiert werden. Manche Vertreter großer Rassen schleppen halbe Baumstämme kilometerweit, was naive Geister glauben macht, sie seien dressiert, für

Herrchens offenen Kamin Brennholz zu organisieren.

Auf qualvolle Weise mußten 1988 zwei unserer vielversprechendsten Ausbildungshunde ihr Leben lassen, weil Stöcke im Spiel waren: ‚Jasper‘, ein temperamentvoller Dreijähriger, nahm ein schräg im Sandboden stekkengebliebenes Aststück längs in den Fang; es zertrümmerte den hinteren Rachenraum. Keine sechs Wochen später ereilte ‚Toby‘ ein ähnliches Schicksal. Als er, einen großen Zweig an einer Astgabel im Fang tragend, an einem Baum hängen blieb, trennte die Astgabel die Ober-Unterkiefer-Verbindung und ragte unmittelbar hinter Toby's Kopf aus dem Hals.

In unseren Ausbildungsgruppen gibt es eine Art ‚Strafkasse" (von deren Inhalt am Kursende eine kleine Feier bestritten wird). Bei Verstößen gegen die Grundsätze zahlt der Betroffene einen geringen Betrag ein. Die Regelverstöße sind in drei Gruppen eingeteilt: Harmlose, schwere und tödliche. Zu der letzten Kategorie, die mit drastischen Strafen belegt ist, gehört das Werfen von Stöcken.

„Er will, daß ich ihm ein Stöckchen (Bällchen) werfe, …dann rennt er hin, bringt es zurück, damit ich es wieder werfe…" Abgesehen davon, daß ein solch stupides Spiel zur Verdummung Ihres Freundes führt, sollte man sich den erfreulichen Beute- und Bringtrieb auf eine Weise nützlich machen, die dem Hund und Ihnen eine nutzbringende und dauerhafte Befriedigung verschafft. Er könnte Ihre Pantoffel bringen oder die Zeitung aus dem Briefkasten holen. Im fortgeschrittenen Stadium schicken Sie ihn morgens die Brötchen beim Bäcker holen. Eine andere Variante wäre das Abholen der Kinder von der Schule.

Sie meinen, das sei übertrieben? Wahrscheinlich halten Sie Ihren Hund für zu dumm.

Er kann weit mehr als Sie zu träumen wagen. Berichte über ‚außerge-

wöhnliche', ‚unglaubliche' Taten von Hunden werden immer als Sensation dargestellt. Das ist Unsinn. Beispiele für solche Sensationen gibt es täglich und überall. Fragen Sie Herrn Karl-Heinz Jürgeleit aus Bochum, den Besitzer des auf so tragische Weise umgekommenen ‚Jasper'; der die Pantoffel aus dem Badezimmer, die Armbanduhr vom Nachttisch, die Zeitung am Kiosk, die Brötchen vom Bäcker und vieles mehr holte.

Fragen Sie die Kaufmanns in Bad Berneck: Die als Familienhund angeschaffte und nie ausgebildete Hündin schaute oft beim Abfischen der Kaufmann'schen Forellenteiche zu. Nach einiger Zeit ging sie ganz von selbst – ohne jede Anleitung – ins Wasser und trieb durch Hin-und-herschwimmen die Fische in die Ecke der Teiche, von der aus sie bequem entnommen werden konnten. Beim Ablassen des Wassers aufs Trockene geratene Forellen verbellte sie anfangs; später nahm sie die glitschigen Tiere in den Fang, um sie Herrchen zu bringen. Eine Demonstration hundlicher Fähigkeiten, überzeugender als jede Zirkusnummer.

Fragen Sie Dirk de Beer, der heute – keine fünf Jahre nach dem Unfall, bei dem er seine Stimme verlor – mit überwältigendem Erfolg Hunde für Behinderte per Zeichensprache ausbildet.

Anstatt Stöcke zu werfen, sollten Sie sich ein ‚Dummy' zulegen. Das ist ein mit Sägespänen (oder Kunststoff) gefülltes schwimmfähiges Leinensäckchen. Je nach Größe der Hunderassse fünf bis zehn Zentimeter dick und 250 bis 2000 Gramm schwer. Dummies sind Ersatzobjekte, beim Jagdhund für das Wild, beim Sport für das unhandliche Apportel, für alles, was es zu bringen gilt.

Das Apportieren

Was ist das eigentlich – apportieren? Aber das kennen wir doch alle. Wir werfen ein Stöckchen, der Hund rennt hin und bringt es uns zurück. Ganz so einfach ist es nicht! Nehmen wir als Beispiel einen ausgebildeten Jagdhund – weil er es besonders schwer hat.

Sie nehmen an einer Treibjagd teil. Bello trottet an Ihrer linken Seite, unangeleint – wie es sich für einen guten Jagdhelfer gehört. Zehn Schritte voraus springt ein Hase aus der Sasse. Bello weiß, seine Mitarbeit ist noch nicht gefragt. Ihr Neben-

Dieser viermonatige Junghund bringt begeistert sein Dummy, ein schwimmfähiges Säckchen aus Jeansstoff, welches in diesem Fall 250 Gramm wiegt.

Dieser Kandidat ist für ein Dummy nicht zu begeistern. Er trägt den „Fuß eines Hirsches" im Fang. Später, nachdem er das Apportieren gelernt hat, wird er auch Dummies oder was immer man von ihm verlangt bringen.

mann trifft Meister Lampe, der in sechzig Meter Entfernung liegen bleibt. Jetzt kommt Bellos Einsatz. Auf dem Weg zu seiner ‚Beute' macht er einen weiteren Hasen hoch, der einem anderen Schützen vor die Flinte läuft. Bello hatte den zweiten Hasen selbstverständlich ignoriert, doch dann, als der Schuß knallt, klappt er wie ein Taschenmesser zusammen, merkt sich die Stelle, an der dieser Hase liegt, und schaut sein Herrchen über die Schulter fragend an. Der deutet mit Handzeichen auf den ersten Hasen, worauf Bello dorthin losspurtet, das Langohr mit sanftem, aber festem Griff an der richtigen Stelle – nämlich kurz hinter den Schulterblättern – aufnimmt. In flotter Gangart kehrt er auf direktem Wege zurück, sitzt vor und gibt bereitwillig aus.

Als Bello den zweiten Hasen gerade aufgenommen hat, fällt ein weiterer Schuß. Ein Fasan senkt sich flatternd zu Boden und landet unmittelbar vor Bello's Nase. Aber Bello läßt sich nicht beirren. Er tauscht die beiden Wildstücke weder aus, noch versucht er, beide gleichzeitig zu bringen. Er apportiert zuerst die einmal getragene Beute, bevor er zum Federwild geschickt wird.

Das war nun wirklich schwierig. Fassen wir die – zumindest wichtigsten – Elemente des Apportierens zusammen. Worin besteht der Job des Apporteurs?
1. Er rennt nicht gleich los, wenn etwas durch die Luft fliegt. Selbst wenn die Verleitung noch so stark ist, er bewegt sich nur, wenn er geschickt wird.
2. Er läuft auf direktem Wege zum Apportel. Durch nichts in der Welt läßt er sich davon abbringen – auch nicht, wenn ein noch so verlockenderes Beutestück oder eine heiße Hündin seine Aufmerksamkeit bannen.
3. Er nimmt das Apportel schnell und korrekt auf. Er kennt die richtige Griffstelle, fummelt nicht lange und kaut nicht auf der Beute herum, spielt nicht damit, sondern...

Das obere (gestellte) Foto erläutert die berüchtigte „Brutal-Methode des Zwangsapports". Die Labrador-Hündin will das Apportel nicht in den Fang nehmen. Ihr Hals ist mit zwei Stachelhalsbändern „geschmückt". Ziehen die beiden „Ausbilder"rechts und links von ihr gleichzeitig mit einem kräftigen Ruck an den Leinen, öffnet sie mit einem Schmerzenslaut den Fang. In diesem Moment schiebt ihr der „Dritte im Bunde" das Apportel in den Fang. Der „Erfolg" stellt sich ein, wenn die Hündin wirklich „assoziiert": Nehme ich ein Apportel nicht auf, tut es weh, sobald ich es im Fang habe, hört der Schmerz auf. ▶

Apportiertraining ohne Zwang! Korrektes Vorsitzen und Festhalten des Apportels. Die junge Dame – 16 Jahre – und die Junghündin – 16 Monate – gewannen soeben eine schwierige Jagdprüfung. Mit Höchstpunktzahl! ▶

4. Er kommt auf direktem Weg zum Führer zurück, auch wenn er auf seiner Reise zehn duftenden Filetsteaks und fünf läufigen Damen begegnet.
5. Er sitzt vor, gibt den Apportiergenstand bereitwillig aus, geht wieder in Grundstellung (erst dann bekommt er sein Leckerli).

Betrachten Sie das Apportieren als ein Bauwerk. Wir beginnen mit dem Fundament, dem Beutetrieb.

Ob Ihr kleiner Freund viel oder wenig Beutetrieb hat, läßt sich unschwer feststellen. Nimmt er alles Mögliche in den Fang – alte Hausschuhe, Bällchen, Stöcke, Dummies, ausgestopfte Kaninchen, die Schwinge einer Ente, ein Tuch, mit dem Sie ihn zanken – ist sein Beutetrieb gut entwickelt (nicht selten zu gut). Werfen Sie einen Tennisball und er rennt hin, wendet sich aber nach kurzem Schnuppern desinteressiert ab, hapert es in Sachen Beutetrieb. Er

rannte hinter dem sich entfernenden Ball her, weil sein Hetztrieb ihn dazu bewog, nicht aber, um die Beute in Besitz zu nehmen. Den Kopf brauchen Sie deshalb nicht gleich hängen zu lassen. Präsentieren Sie ihm als Apportel eine Beute, auf die er ganz wild ist. Versuchen Sie es über seinen Magen; ein nach Pansen duftendes Stoffsäckchen wirkt oft Wunder.

Wenn alles nicht hilft, müssen wir seinen Beutetrieb durch einen anderen – bei ihm stark ausgeprägten – Trieb ‚wecken‘. Ist z.B. seine Nase dauernd in Aktion, indem er ständig die Erde beschnüffelt und irgendwelche Spuren verfolgt, können wir auf einen starken **Spürtrieb** schließen. In diesem Fall sollten Sie ihm eine ‚Schleppe‘ legen: Von einem uralten Bademantel trennen Sie ein Stück ab, das so verknotet wird, daß eine Wurst entsteht, die als Apportel dient. Den Mantel selbst ziehen Sie in geschwungenen Linien fünfzig Meter über jungfräulichen Rasen (der keine Verleitungsgerüche aufweist = Fußballplatz!). Ans Ende legen Sie das Apportel. Nun holen Sie Ihren Spürhund und zeigen ihm, wo die Schleppspur anfängt. Klappt es wider Erwarten nicht, versuchen Sie es mit einer Pansenschleppe. Das Apportel bildet dabei ein nach Pansen riechendes Stoffutensil.

Nun hat längst nicht jeder Hund einen Spürtrieb, den man sich zunutze machen könnte. Bei der Suche nach anderen Trieben, die unserem Ziel dienen, stoßen wir auf den **Spieltrieb.** Bei jungen Exemplaren gelten 98% als von dieser ‚Sucht‘ befallen. Binden Sie das Apportel an eine Schnur und machen es interessant, indem Sie ruckartig an der Schnur ziehen, sobald er es greifen will.

Vor Jahren wurde die ‚Spielangel‘ propagiert; ein Stock mit einer Kordel, an deren Ende das Apportierstück angebunden ist. (Ich nahm das damals wohl etwas zu wörtlich: Auf dem Hügel eines belebten Parks stehend, meine Hochseeangel schwingend, war bald der Hund, dann ich

selbst total im Silk gefesselt, Dutzende von Zuschauern bekamen Lachkrämpfe…)

Viel Beutetrieb ist gut, zu viel ist schlecht. Zu viel entsteht, wenn andere, **soziale** Triebe den hohen Beutetrieb nicht ausgleichen. Damit wären wir beim Rohbau unseres Gebäudes, dem **Bringtrieb.**

Einige Kynologen meinen, das bloße Transportieren eines Gegenstandes sei schon Bringtrieb. Bringt Bronco einen großen Knochen in die äußerste Ecke des Gartens, um ihn dort zu vergraben, hat das nicht das Geringste mit Bringtrieb zu tun. Das Transportieren aus ‚egoistischen‘ Motiven (in Sicherheit bringen) ist eher das Gegenteil von Bringtrieb. Dieser entspringt nämlich sozialem Verhalten: Die Hündin bringt den Welpen Futter (bricht es ihnen vor); der Wolf bringt das Beutestück zum Rudel (bei größerer Beute ‚ruft‘ er die anderen: „Kommt her Kumpel, hier gibt's was zu fressen“).

Will Ihr Wolfabkömmling seine Beute für sich behalten, anstatt sie Ihnen zu bringen, rennen Sie auf keinen Fall hinter ihm her (sonst meint er, das sei ein Spiel: Versuch doch mal, mir meine Beute abzunehmen).

Üben Sie zunächst in Ihrem Wohnzimmer, wo er Ihnen nicht entwischen kann und wo keine Verleitungen vorliegen. Dann gehen Sie in den Garten. Wenn er auf „APPORT“ und „KOMM“ nicht reagiert, locken Sie ihn; hocken Sie sich hin und tun so, als hätten Sie eine Beute, die noch viel interessanter ist als seine eigene.

Tanzt er ausdauernd mit seiner Beute vor Ihnen herum, setzen Sie sich ruhig hin und warten ab. Irgendwann wird er des sinnlosen Spiels überdrüssig und zu Ihnen kommen.

In großräumigem Gelände sollten Sie sich einfach von ihm entfernen. Er wird ihnen früher oder später folgen. Sein Halsband an einer langen Leine zu befestigen und ihn damit heranzuziehen, ist keine gute

Idee. Lernt er das Bringen, indem man solcherart Zwang anwendet, wird er nie freudig und zuverlässig apportieren.

Ein besseres Hilfsmittel können sehr schwere Apportel sein, die ihn – sofern er sie nicht gewöhnt ist – rasch ermüden. Dann, im richtigen Moment herangelockt, ist er froh, seine Beute loszuwerden.

Einer der meist verbreiteten Führerfehler besteht darin, ihm seine Beute sofort zu entreißen, sobald er in Reichweite kommt. Bringt er Ihnen seine Beute, ignorieren Sie das Apportel zunächst – für mindestens fünfzehn Sekunden – loben Sie ihn ausgiebig durch Worte und Streicheln, bevor Sie seine Beute gegen ein Leckerchen austauschen. Nun geben Sie ihm seine Beute wieder in den Fang. So lernt er, daß man ihm seine Apportel nicht streitig macht; sie sind (während der Lernphase) sein Eigentum, das wir uns gelegentlich ausleihen.

Läßt er das Apportiergut auf dem Weg zu Ihnen fallen, sind Sie für ihn interessanter als seine Beute (wahrscheinlich waren Sie zu spendabel mit Leckerlis). Schauen Sie ihn nicht an, wenn er auf Sie zukommt. Gukken Sie in den Himmel. Schmeißt er es Ihnen trotzdem vor die Füße, gehen Sie einige Schritte rückwärts: „Brandy, APPORT!" Bücken Sie sich keinesfalls, um es aufzuheben. Das ist sein Job.

Kommt er nicht zügig zurück, laufen Sie von ihm fort. Das Vorsitzen und Im-Fang-halten üben wir separat; wieder zuerst im Wohnzimmer. Erst wenn das Bringen richtig sitzt, kombinieren wir es mit dem zuvor gelernten Vorsitzen. Das ist der Dachstuhl unseres Apportier-Hauses.

Der Innenausbau (das Nicht-gleich-losrennen) und die Dekoration (richtiges Aufnehmen, nicht tauschen, Ablenkungen ignorieren) sind reine Fleißfächer. Der ‚Standruhe', die Engländer sagen ‚steadyness', kommt die meiste Bedeutung zu.

Lassen Sie ihn ein Apportel nur jedes dritte Mal holen, die beiden anderen Male holen Sie es selbst. Legen Sie ihn ab und werfen Gegenstände vor seiner Nase durch die Luft, wobei er liegen bleiben soll. Apportiert wird nur auf Kommando. Falls Sie die Möglichkeiten haben, mit zwei Hunden zu arbeiten, bietet es sich an, die beiden abwechselnd apportieren zu lassen. Anfangs aus der Grundstellung (frei bei Fuß sitzend), dann frei abgelegt und später werden die Apport-Kommandos den beiden (frei nebeneinander abgelegten Hunden) aus Entfernung gegeben.

Um das Austauschen einer einmal aufgenommenen Beute mit einer anderen zu verhindern, sollten Sie ‚Verleitungsbeuten' einsetzen. Befindet er sich beim Apportieren auf dem Rückweg zu Ihnen, werfen Sie ihm ein anderes Apportel vor die Füße. Er wird sein Interesse der neuen Beute zuwenden. Ihr NEIN soll ihn bewegen, zunächst die erste Beute zu bringen.

Legt man zwei gleich-interessante Apportel unmittelbar nebeneinander aus, wird er erst das eine, dann das andere beschnuppern und sich schwerlich entscheiden können, welches er aufnimmt. Oft versuchen die Apportierer beide gleichzeitig in den Fang zu nehmen. (Bei einer Treibjagd schickte ich einst eine zuverlässige Hündin in einen Busch, als nach dem drei Stücke lagen. Als sie nach zwanzig Minuten immer noch nicht zurück war, schaute ich nach. Ich fand sie, verzweifelt bemüht, zwei Kaninchen und einen Fasan auf einmal zu transportieren.) Nimmt der Hund das erste von mehreren Beutestücken nicht sofort auf, dröhnt ein donnerndes „APPORRRRRT!". Ein schrilles „NEIN!" soll ihn davon abhalten, sich für andere Beute zu interessieren, wenn er bereits eine im Fang trägt.

Gruppentraining
Mit anderen zusammen zu üben, bringt eine Menge Vorteile:

– gemeinsam macht es noch mehr Spaß
– man profitiert von den Erfahrungen der anderen
– viele Augen sehen mehr als zwei – man macht Sie auf Fehler aufmerksam
– Ziele/Termine werden vorgegeben
– gesunder Leistungsdruck entsteht
– wenn Sie andere Hunde aufmerksam beobachten, lernen Sie den eigenen besser kennen und verstehen
– Fehler, die Sie bei anderen erkennen, begehen Sie nicht selbst.

Gruppentraining kann einfach gemeinsames Üben Gleichgesinnter sein oder ‚Ausbildung‘ unter Anleitung eines ‚Trainers‘. Soll es zu einem Erfolg führen, ist regelmäßiges Arbeiten – mindestens einmal wöchentlich – unumgänglich.

Nicht bewährt haben sich offene Gruppen mit ständig wechselnden Teilnehmern, die unregelmäßig erscheinen – je nach Wetterlage und Fernsehprogramm.

Eine andere Möglichkeit bieten Wochenend- oder mehrtätige Lehrgänge, in denen intensiv geschult wird. Die Kosten sind zwar höher und auch nicht jeder, der dort unterrichtet, hat die nötige Qualifikation. Aber in der Mehrzahl der Fälle macht man positive Erfahrungen.

Ob Gruppentraining unter Anleitung für Sie in Frage kommt, hängt einzig von der Qualität des Ausbilders – des Übungsleiters – ab. Schauen Sie sich dessen Trainingsmethode zunächst einmal an. Es kommt selten vor, daß Ausbilder zu sanft mit den Hunden umgehen, das Gegenteil – zu rabiate Typen – ist häufiger. Bilden Sie sich ein eigenes Urteil (denken Sie an Aramis!).

Übungsgruppen werden sowohl von Rasseclubs als auch von Hundesportvereinen organisiert. Auf den Geländen der größeren Clubs (Schäferhunde, Boxer) dürfen nicht selten auch andere Rassen mitmachen.

Spezialausbildungen, z.B. zum Jagdhund, zum Rettungshund, etc. offerieren vielerorts die zuständigen Stellen: Wenden Sie sich an Ihre Gemeinde- oder Stadtverwaltung,

Welpentraining in der Gruppe. Die drei Monate alten Welpen sitzen „bei Fuß", obwohl sie von anderen abgelenkt werden. Das fördert Konzentration und Duldsamkeit. Die Abstände zwischen den einzelnen „Gespannen" können je nach Ausbildungsstand variiert werden.

um sich nach der unteren Jagdbehörde bzw. den Hilfsorganisationen (wie das Rote Kreuz) zu erkundigen. Dort hilft man Ihnen weiter.

Haben Sie eine Gruppe gefunden, die Ihnen zusagt, wird man Ihnen vielleicht sagen, Ihr Lumpi sei noch zu jung. In diesem Fall bestehen Sie darauf, vorzuführen, was er kann. Nimmt man Sie trotzdem noch nicht auf, lassen Sie sich genau erklären, was Sie bis zur Aufnahme üben sollen.

Hundesport (Breitensport)

Jeder Mensch braucht Erfolgserlebnisse, um sein Selbstwertgefühl zu entwickeln, um ausgeglichen, zufrieden und glücklich zu sein. Bei unseren Hunden ist es ähnlich. Sie brauchen – ob groß oder klein – einen ‚Lebensinhalt', eine Aufgabe deren Bewältigung ihnen das Gefühl gibt, etwas geleistet zu haben. Nur so kann sich der Charakter in die gewünschte Richtung entwickeln und der Hund zu einem glücklichen, zufriedenen und ausgeglichenen Kameraden werden. Nicht umsonst treffen wir am häufigsten auf frustbedingte Neurosen bei Rassen, die vorwiegend als ‚Sofahunde' gehalten werden.

Viele Jagdhunde, manche Schlittenhunde und sogar einige Hütehunde haben auch heute noch das Glück, ihre Erfüllung in dem Bereich zu finden, für den sie gezüchtet wurden, der also ihrem Wesen entspricht. Doch längst nicht jeder Vertreter einer Jagdhunderasse hat einen Jäger zum Herrchen; von den bei uns lebenden Schlittenhunden hat höchstens jeder Zehnte jemals einen Schlitten zu Gesicht bekommen, von den Hütehunden bei immer seltener werdenden Herden ganz zu schweigen.

Wie wir bei der Hündin von Familie Kaufmann gesehen haben, suchen sich unsere Vierbeiner ‚Ersatz-Aufgaben', wenn es an rassespezifischen Herausforderungen fehlt. Dies geschieht viel häufiger, als es uns bewußt wird, meist in den Bereichen des Wachens, des Bewachens oder des Beschützens, aber auch auf vie-

Zwei Gespanne gehen aufeinander zu, um sich zu begrüßen. Vor dem Handschlag setzt man die Kleinen wieder korrekt „bei Fuß". Zum Beschnuppern und Toben gibt es in den Pausen genügend Zeit, außerhalb der Pausen herrscht freundliche Disziplin.

len anderen Gebieten. Dabei kommt es nicht selten vor, daß ein Hund sich eine Ersatz-Aufgabe aussucht, die uns mißfällt oder Ärger einbringt. Ein junges Paar hatte sich für eine temperamentvolle und sehr aktive Jagdhündin entschieden. Die Hündin war ein Jahr alt als die beiden ein Baby bekamen. Die Hündin ‚bewachte" dieses Kleinkind so fanatisch, daß die Eltern sich der Wiege nicht mehr nähern konnten...

Eine fast optimale Art Ihrem Hund Erfolgserlebnisse zu ermöglichen und ihm einen Ersatz-Lebensinhalt zu bieten, ist der Hundesport. Schauen wir uns an, was damit gemeint ist. Am Anfang steht die ‚Unterordnung' (ein häßliches Wort, ich weiß): Sitz, Platz, Ablegen (liegenbleiben), Leinenführigkeit und frei-bei-Fuß-gehen. Dann gibt es einen Dreier-Sprung und einen Slalom durch verschiedene Tore, die Hund und Herrchen gemeinsam zu meistern haben. Bei den sogenannten Geräten hat der Hund eine Hürde und eine Treppe oder Kletterwand zu überwinden, durch einen Tunnel zu kriechen, auf einem Balken zu

balancieren, durch einen Reifen zu springen und über eine Tonne zu steigen. All' dies hat auf eine bestimmte Art zu erfolgen, und der Zeitfaktor spielt zusätzlich eine Rolle.

Abgesehen davon, daß das Üben auf dem Parcour eine Menge Spaß macht und uns Menschen dazu bringt, uns ohne Stress und Leistungsdruck etwas sportlich zu bewegen, fördert das **gemeinsame** Erleben die Bindung zwischen Mensch und Hund aufs Innigste.

Dieser sogenannte ‚Breitensport' (= Hundesport ohne Schutzdienst) ist für alle Rassen geeignet und besonders wichtig und empfehlenswert für Hunde mit unsicherem oder ängstlichem Wesen, weil sich dieses durch die Erfolgserlebnisse mit der Zeit festigen wird.

Agility heißt die aus England stammende Variante unseres Breitensports. Der wesentliche Unterschied besteht darin, daß bei Agility keine ‚Unterordnung' verlangt wird. Das Training wird dadurch noch lockerer, und die Hunde lernen ohne Druck auf spielerische Weise. Der

Parcour ähnelt dem des Breitensports, ist aber noch ausgefeilter. Unter anderem beinhaltet er eine Wippe (Kinderschaukel), über die der Kandidat balanciert; wird der Scheitelpunkt überschritten, kippt die Schaukel zur anderen Seite. Für die Konzentrationsfähigkeit eine sehr empfehlenswerte Übung.

Sie müssen nicht gleich den Ehrgeiz haben, an Landes-, Bundesoder gar internationalen Wettkämpfen teilnehmen zu wollen, um auf einem der zahlreichen Hundesport-Plätze willkommen zu sein. Selbst wenn Ihnen der ‚Schutzdienst‘, an dem Sie sich nicht beteiligen brauchen, zuwider ist, sollten Sie es zumindest ‚mal versuchen‘.

Die britische Agility-Idee wird in Deutschland von einem Tiernahrungsunternehmen ‚vermarktet‘. Leider muß man sagen, denn die schneckenhafte Geschwindigkeit, mit der sich dieses grandiose Konzept verbreitet, wäre sicher nicht zu beklagen, wenn die Sportverbände sich der Agility angenommen hätten, anstatt erst zu verschlafen und dann zu boykottieren.

Die Bedeutung und der Wert von Agility und Breitensport können nicht hoch genug eingeschätzt werden. Wenn Sie weder Jäger sind, noch eine Schafsherde oder einen Hundeschlitten besitzen, gibt es kaum eine bessere Möglichkeit, aus Ihrem Liebling einen glücklichen Lebensgefährten zu machen.

Abschließend bleibt mir der Wunsch, daß dieses Buch Ihnen eine Vielzahl an Anregungen gebracht hat. Jeder Anspruch auf Vollständigkeit schließt sich beim Thema „Hundeerziehung" aus. Entscheidend ist das Mitdenken der Leser, das Verstehen, wie ein Hund seiner Veranlagung nach reagiert, ja meist reagieren muß.

Ausdrücklich empfehlen möchte ich an dieser Stelle zur Ergänzung das Buch von Myrna M. Milani: „Die unsichtbare Leine". Der Mensch kann lernen, wie ein Hund denkt – nie umgekehrt. Und das Wissen um das Denkvermögen des Hundes ist Voraussetzung für jede erfolgreiche Erziehung.

◄ *Gruppentraining. Den Menschen macht es Freude, die Hunde lernen – ganz nebenbei – sich mit ihren Artgenossen zu verstehen.*   ▼

VIII HUNDESPORT UND AGILITY

Überblick von **Rainer Gerstlauer**

Hundesportvereine gibt es flächendeckend über das gesamte Gebiet der Bundesrepublik, auch in den neuen Ländern haben sich bereits zahlreiche Vereine gebildet. Neben den Übungsplätzen der Rassezuchtvereine sind vor allem die Vereine des Deutschen Hundesportverbandes (dhv) für Hunde aller Rassen und vor allem auch für Hunde ohne Papiere offen. In allen diesen Vereinen wird zwar der Schutzhundesport teilweise intensiv gepflegt. Es ist jedoch heute kein Problem mehr, hundesportliche Betätigung auch ohne den nicht für alle Hunde geeigneten und nicht von allen Hundehaltern gewollten Schutzdienst zu betreiben.

Vor allem in den Vereinen des dhv gibt es ein äußerst attraktives Angebot an hundesportlichen Wettkampfdisziplinen. Egal, für welchen Weg Hundehalter und Hund sich im Hundesport entscheiden, Grundlage ist immer „Gehorsam" oder „Unterordnung", also grundsätzlich die Leinenführigkeit, das Frei-bei-Fuß-gehen, die Sitzübung, die Platzübung und das Liegenbleiben.

Diese Grundlagen werden als Basisausbildung bezeichnet und seit jeher gehört die Grunderziehung zu den ureigensten Aufgaben eines jeden Hundesportvereins.

Von der Öffentlichkeit viel zu wenig beachtet, setzen die Vereine das fundierte Wissen ihres Lehrpersonals „rund um den Hund" in uneigennütziger Weise im Interesse aller Hundehalter ein. Mit ihrem umfassenden Ausbildungs- und Sportprogramm können die Hundesportvereine allen Hundehaltern ein Angebot zum Mitmachen unterbreiten. Und Mitmachen heißt für den Hundehalter, aktiv an einer neuen Mensch-Tier-Beziehung zu arbeiten, sich durch das Mitmachen Probleme mit dem Vierbeiner zu ersparen und ihn zu einem angenehmen Hausgenossen und Begleiter zu erziehen. In den Gehorsamskursen (siehe auch vorangegangenes Kapitel „Gruppenar-

beit") werden die Anfänger in die Grundkenntnisse der Ausbildung eingeführt. Leinenführigkeit, sowie die Sitz- und Platzübung zu vermitteln, stehen hierbei im Vordergrund der Bemühungen. Der Hundehalter lernt fachgerecht mit der Führleine umzugehen, lernt Hörzeichen und Körperhilfen richtig zu geben und vor allen Dingen, daß Langeweile der Tod aller Ausbildungsbemühungen ist.

Gruppenarbeit unter Leitung eines hoffentlich talentierten Ausbilders bedeutet für die Hunde „Gewöhnungstraining" für den Alltag. Sie lernen hier, daß nicht jeder Vierbeiner ein potentieller Feind ist, den man anbellen oder gar angreifen muß. Für sie wird die Gruppenarbeit zum Meuteerlebnis, sie lernen dort vierbeinige Spielgefährten kennen, mit denen sie in einer Trainingspause herumtollen können.

Einmünden kann eine solche Gruppenarbeit in eine Begleithunde-Ausbildung, die mit einer Prüfung abschließt. Alle beim Gehorsamskurs gewonnenen Erfahrungen können in die erweiterte Aufgabenstellung der Begleithundprüfung eingebracht werden. Die Aufgaben Leinenführigkeit, Frei-bei-Fuß gehen, Ablegen des Hundes unter Ablenkung, Unempfindlichkeit gegen Geräusche – das sind alles Aufgaben, die sowohl im Training als auch bei der Prüfung auf dem vertrauten Übungsplatz gelöst werden müssen. Praxisnah ist dann das Training und die Prüfung auf öffentlichen Straßen und Plätzen. Das Verhalten des Hundes im Straßenverkehr, gegenüber Passanten, Radfahrern und gegenüber anderen Hunden wird durch entsprechendes Training unter Anleitung des Übungspersonals zur Prüfungsreife entwickelt.

Von vielen Vereinen wird heute angestrebt, die Begleithundeprüfung als Ausgangsprüfung für alle weiteren hundesportlichen Prüfungs- und Wettkampfarten zu verlangen.

Gruppenarbeit

Seit nunmehr 20 Jahren zu einem festen Bestandteil der meisten Hundesportvereine geworden ist der Breitensport, oder wie er heute genannt wird „Turnierhundesport". Dieser hat in den Vereinen des dhv, aber auch in manchen Rassezuchtvereinen einen festen Platz im Sportangebot gefunden. Das breitgefächerte Angebot des Turnierhundesports bietet ideale Möglichkeiten zu spontanen, spielerisch aufgebauten sportlichen Handlungen zusammen mit dem Hund. Durch den betont lockeren Aufbau hat insbesondere die Jugend zum Sport mit dem Hund gefunden.

Turnierhundesport bedeutet aktive Gestaltung der Freizeit und steht für die Begriffe Erholung, sportliche Ertüchtigung, Wettkampferlebnis, Erfolg und Niederlage. Der Turnierhundesport ist gegliedert in 4-Kampf,

Geländelauf und Hindernislauf. Er fordert aktive Bewegungsarbeit von Hundesportlern und Hunden. Übungen mit meßbaren Leistungsanforderungen, die angepaßt sind an die natürlichen Veranlagungen und das Lernvermögen der Hunde, prägen diesen Sportzweig. Und das Schöne dabei ist, daß es absolut keine Rolle spielt, ob der Hundeführer nun einen Großen oder Kleinen, einen Rasse- oder Mischlingshund an der Leine führt. Hier zählt das Mitmachen.

Altersklassen ermöglichen den Vergleich innerhalb bestimmter Gruppen. Der Turnierhundesport wendet sich an alle Hundehalter, die den sportlichen Umgang mit ihrem Vierbeiner lieben und die das Verständnis zwischen Hundeführern und Hund fördern wollen. Alle Diszipline sind so aufgebaut, daß sie mit Hunden aller Größen und Veranlagungen ausgeführt werden können. Vom Zwergschnauzer über Spaniel, Boxer, Schäferhund bis hin zu Dogge und Bernhardiner, allen macht der Turnierhundsport Spaß.

Im 4-Kampf mit seinen unterschiedlichen Aufgabenstellungen läuft ohne Gehorsam nichts. Hier wird wieder die Leinenführigkeit und Freifolge, sowie das Sitz und Platz verlangt. Dazu kommen dann der Slalomlauf, bei dem Hund und Hundeführer möglichst ohne Leine einen Parcour mit insgesamt 7 Toren durchlaufen müssen. Die Zeit zählt, für die Absolvierung ohne Leine gibt es extra Zeitpunkte.

Beim Hürdenlauf wiederum müssen Hund und Hundeführer ebenfalls je nach Ausbildungsstand mit oder ohne Leine zweimal eine Strecke von 50 Metern zurücklegen, die mit 3 Hürden, die von beiden gemeinsam übersprungen werden müssen, ausgestattet ist. Auch hier zählt die Zeit, auch hier gibt es Zusatzpunkte für den ohne Leine laufenden Hund.

Beim Hindernislauf wiederum, der über eine Länge von 75 Metern geht, muß der Hund diverse Hindernisse auf der Laufstrecke bewältigen, während der Hundeführer parallel dazu mitläuft. Auch hier werden die Zeiten gemessen. Als Geräte gibt es hier eine Hürde, eine Treppe (oder Schrägwand), einen Tunnel, durch den der Hund durch muß, einen 4 Meter langen Laufdiel, über den der Hund gehen muß, einen Reifen, der zu durchspringen ist und einen Hoch – Weitsprung. Und all dies immer unter dem stetigen Weiterlaufen der Stoppuhr und unter der Gefahr der Zeitfehler und ausgelassenen Hindernissen.

Eine weitere, sehr gerne angenommene Disziplin ist der Geländelauf, der mit einer 2000 Meter und einer 5000 Meter-Laufstrecke durchgeführt werden kann. Trimmdichbewegung und Hundesport müssen sich also nicht gegenüber stehen, sondern können sich ergänzen. Was gibt es für einen an der aktiven Bewegungs-

Langlauf

Slalom

arbeit, am Sport interessierten Hundefreund Schöneres, als zusammen mit seinem „Benno" in der freien Natur zu trimmen – zu traben – zu joggen, oder wie man diese Art von Laufvergnügen sonst noch bezeichnen will.

Eine aus England stammende Variante unseres Hundesports ist Agility. Der wesentliche Unterschied besteht darin, daß bei Agility keine „Unterordnung" verlangt wird. Der Parcour ähnelt dem des Turnierhundesports, ist aber noch ausgefeilter.

Die positiven Einflüsse der Hundesportvereine werden in den Medien viel zu wenig gewürdigt, ja die Arbeit der Hundesportvereine wird von diesen meist negiert. Mit gut ausgebildeten und erzogenen Hunden macht es Spaß, Hundesport zu betreiben. Gute Erziehung des Hundes, gute Ausbildungsarbeit, die dem Hundehalter und dem Zuschauer Spaß macht und vom Hundehalter selbst geforderte körperliche Belastung und dies unter dem Blickpunkt der Öffentlichkeit helfen mit dazu, die Akzeptanz der Hundehaltung zu fördern.

Unser Appell richtet sich an alle Hundefreunde, den Breitensport durch aktive Beteiligung zu fördern, im eigenen Interesse. Heinz Gail hat in diesem Buch überzeugend dargestellt, daß gerade das gemeinsame Tun der Schlüssel zur Rudelgemeinschaft, zur harmonischen Partnerschaft Mensch/Hund wird.

Machen Sie Ihrem Hund die Freude der Integration in die menschliche Gemeinschaft, in die Umwelt, in der wir alle leben. Sie lösen damit zahlreiche Probleme der Integration des Hundes in unserer heutigen Zeit.

Hürdensprung

Geschicklichkeit

Deutscher Hundesportverband e.V.
Geschäftsstelle: Gustav-Sybrecht-Straße 42
44536 Lünen, Telefon 0231/87949

DIE MITGLIEDERVERBÄNDE
DES DEUTSCHEN HUNDESPORTVERBANDES:

Südwestdeutscher Hundesportverband e.V.
Geschäftsstelle: Geranienstraße 8
73663 Berglen, Telefon 07195/71881
vertreten im Bundesland
Baden-Württemberg und in der Pfalz

Berliner Verband
der Hundesportvereine e.V. (BVH)
Geschäftsstelle: Saatwinkler Damm 185
13629 Berlin

Deutscher Verband
der Gebrauchshundsportvereine e.V.
Geschäftsstelle: Gustav-Sybrecht-Straße 42
44536 Lünen, Telefon 0231/87949,
Fax 0231/8770813
vertreten in den Bundesländern
Baden-Württemberg, Niedersachsen,
Nordrhein-Westfalen, Schleswig-Holstein, Saar-
land, Hessen, Rheinland-Pfalz, Berlin-Brandenburg, Mecklenburg-Vorpommern, Sachsen-
Anhalt, Hamburg, Bremen sowie in den USA

Deutscher Sporthund Verband e.V.
Geschäftsstelle: Hans-Böckler-Straße 48
41063 Mönchengladbach, Telefon 02161/
895426
vertreten im Bundesland Nordrhein-Westfalen

Bayerischer Landesverband
für Hundesport e.V.
Geschäftsstelle: Neumarkter Straße 2a
81673 München, Telefon 089/4314865
vertreten im Bundesland Bayern

Hundesportverband Rhein-Main e.V.
Geschäftsstelle: Kreuzstraße 55
64331 Weiterstadt, Telefon 06150/2113
vertreten in den Bundesländern Hessen und
Rheinland-Pfalz

Schutz- und Gebrauchshunde-Sportverband
Geschäftsstelle: Dobschützstraße 32
16515 Wittenberg
vertreten in den Bundesländern Sachsen-An-
halt, Sachsen, Thüringen, Berlin-Brandenburg

HUNDE VERSTEHEN ... LEICHT GEMACHT

Roger Mugford
HUNDE AUF DER COUCH – Verhaltenstherapie bei Hunden
»Für jeden Hundehalter, der dazulernen möchte, ist dieses Buch unverzichtbar. Er schreibt humorvoll und spannend, erreicht über seine geschilderten Fallstudien Wissenszuwachs und ein profunderes Hundeverständnis. Und genau das brauchen wir nötiger denn je!« (**Dr. Dorit Feddersen-Petersen**). Der Verhaltensforscher hat mehr als 20 000 Hunde auf Verhaltensstörungen behandelt, zum überwiegenden Teil unerwünschtes Verhalten abgestellt. Das Buch beschränkt sich aber in seiner Anwendung keineswegs auf Hundehalter mit gestörten Hunden, vermittelt vielmehr modernste Erkenntnisse der Verhaltensforschung, die jeder Hundehalter im Umgang mit seinen Hunden – insbesondere natürlich in der Hundeerziehung – anwenden kann. Dieses Buch ist im englischen und deutschen Sprachraum ein **Bestseller!** Es vermittelt Hundebesitzern neue Wege im Umgang mit ihren Hunden.
212 Seiten, 61 Farbfotos, DM 46,–

Myrna M. Milani
DIE UNSICHTBARE LEINE –
Ein besserer Weg zum Verständnis des Hundes!
Nur ein Mensch kann lernen, wie ein Hund denkt – nie umgekehrt. Die Tierärztin und Tierpsychologin Milani erklärt die faszinierende Welt der Sinne unserer Hunde. Das Wissen um die unterschiedlichen Sinneseindrücke wird zum Schlüssel für eine erfolgreiche Erziehung des Hundes in jeder Lebenslage. Die unsichtbare Leine ist das Band zwischen Mensch und Hund. Es ist geknüpft aus Wissen, Vertrauen, Verstehen, Geduld und – vor allem – aus Liebe. »Ein warmherziges, kluges, wunderschönes Buch!«
248 Seiten, DM 39,80

Eberhard Trumler
DER SCHWIERIGE HUND
Haben Sie – manchmal – einen schwierigen Hund? Verstehen Sie – immer – Ihren Hund? Lernen Sie mit Eberhard Trumler, wie Ihr Hund denkt. Dann haben Sie nie mehr einen schwierigen Hund!
Aggressionen, Raufen, Angstbeißer, Gewitterfurcht, Schußscheu, Welpentötung, Kläffen, Stubenunreinheit, Zerstören der Wohnungseinrichtung, Weglaufen, Streunen, Kotfressen, Wasserscheu, Fressunlust, Freßgier, Leinenangst – wie immer das Normalverhalten des Hundes verändert hat, der Verhaltensforscher Eberhard Trumler weiß Rat.
208 Seiten, 46 Meisterfotos von Dr. H. Jesse, DM 34,–

Dr. D. Fleig
KYNOS HUNDEFIBEL – Über den richtigen Umgang mit Hunden
»Ich kenne keine andere Schrift, die auch für den Hundelaien verständlich Vor- und Nachteile einer Hundehaltung so informativ behandelt. Wer erstmals einen Hund in die Familie nehmen möchte, sollte zuvor die Hundefibel lesen und deren Empfehlungen berücksichtigen. Das kleine Buch liest sich gut, es ist in allen Teilen lebendig geschrieben und zeugt vom umfassenden und tiefgründigen Sachwissen des Verfassers. Ihm ein ehrliches Kompliment!« (**Max Sutter**). Ein Buch für Einsteiger wie Fortgeschrittene. Es führt die richtigen Hunderassen zu den richtigen Hundehaltern, für eine **Partnerschaft auf Lebenszeit!** Es berücksichtigt nicht nur die Wünsche des Menschen, sondern dokumentiert eindeutig die Anforderungen, die der Hund an seinen Menschen richtet.
104 Seiten, 50 Farbaufnahmen, DM 19,80

HUNDE ERZIEHEN ... LEICHT GEMACHT

Ruth Hobday
AGILITY ... MACHT SPASS!
Das Standardwerk aus dem Mutterland dieses immer mehr Hundefreunde begeisternden Geschicklichkeitssports, geschrieben von der wohl erfahrensten AGILITY-Trainerin Englands. Es gibt nichts besseres.

Band I   Ein Führer Schritt für Schritt –
für Anfänger wie Fortgeschrittene!
Alles Wissenswerte über die Grundlagen der AGILITY. Ein unverzichtbarer Ratgeber für jeden AGILITY-Sportler. *Der Schlüssel zum Erfolg.*
144 Seiten, 190 Fotos und Zeichnungen, DM 32,–

Band II   Kontrolle und Vorführtechnik für Wettbewerber
auf allen Leistungsstufen
Schwierigere Aufgaben, konkrete Anleitungen zu intensivem Training und erfolgreichem Wettkampf. Eine Fundgrube für Übungsanleitungen, die den Hund sicherer machen.
216 Seiten, 200 Fotos und Zeichnungen, DM 39,80

Richard A. Wolters
NEUE WEGE DER
JAGDHUNDEAUSBILDUNG
Die Wolter'sche Hundeausbildung beruht auf den neuesten Erkenntnissen führender amerikanischer Verhaltensforscher. Für Retriever-Freunde wurde dieses Buch weltweit zur »Ausbildungs-Bibel«. Ein sorgfältig ausgearbeitetes Erziehungssystem – Schritt für Schritt – führt den Welpen ab einem Alter von 7 Wochen durch alle jagdlichen Aufgaben. Die Grunderziehung ist mit 9 Monaten abgeschlossen, der Hund jagdlich einsatzfähig! **Auch für Liebhaberhunde eine sehr empfehlenswerte Erziehungsmethode.**
212 Seiten, 270 Fotos und Zeichnungen, DM 46,–

Konrad Most / Franz Mueller-Darß
ABRICHTEN UND FÜHREN
DES JAGDHUNDES
2., völlig neu bearbeitete Auflage
(Heinrich Uhde, Bernd Krewer)
eines Klassikers der Jagdhundeausbildung.
»Hohes jagdliches Können und Erfahrung zusammen mit ebensolchem Wissen und Können um die Ausbildung von Hunden. Eine Bereicherung der Palette der vorhandenen jagdkynologischen Ausbildungsliteratur. Das Buch wird hoffentlich vielen Unerfahrenen den Einstieg erleichtern und denen helfen können, die das, was sie 30 Jahre lang falsch machten, für Erfahrung hielten.« (**Christoph Frucht,** Präsident des Jagdgebrauchshundeverbandes)
264 Seiten, 35 Fotos, DM 39,80

HUNDE ERZIEHEN ... LEICHT GEMACHT

Dr. Roger Mugford
HUNDEERZIEHUNG 2000
Irrtumsfreies Lernen

Das neueste Buch des bekanntesten Hundefachmannes und Verhaltensforschers. Es erhebt den Anspruch, wissenschaftlich fundiert und für jeden Hundebesitzer verständlich, Wege der Hundeerziehung aufzuzeigen, die auch im Jahr 2000 noch Gültigkeit besitzen werden. Es weist nicht nur den Weg zu einer liebevollen, artgerechten Hundeerziehung, es befaßt sich auch eingehend mit Problemfällen und ihrer humanen Lösung.

Wer dieses Buch nicht gelesen hat, wird in den kommenden Jahren schwerlich in Fragen der Hundeerziehung mitreden können.

208 Seiten, 76 Farbfotos, reizvoll illustriert,
DM 49,80

Konrad Most
DIE ABRICHTUNG DES HUNDES
Klassische Erziehungsmethode

16., von **Fritz Rasch** völlig neu bearbeitete Auflage.

Das auflagenstärkste deutschsprachige Erziehungswerk für Gebrauchshunde vom »Schöpfer des Diensthundewesens«. Nach der Abrichtungsmethode Most's lernt jeder Hund schneller, da sie das hundliche Verhaltensinventar voll nutzt. Trotz des mit dieser Methode verbundenen Zwangs bleibt die Arbeitsfreudigkeit weitgehend erhalten, werden zuverlässige Leistungen erzielt. Die Most'sche Abrichtungslehre ist Grundlage der heutigen Ausbildung von Gebrauchshunden.
232 Seiten, 85 Abbildungen, DM 39,80

John Rogerson
HUNDEERZIEHUNG ... TIERISCH GUT

Für eine erfolgreiche Hundeerziehung gibt es zwei Wege – Unterdrückung unerwünschter Handlungen oder Verstärkung richtigen Tuns durch Lob. Das Aktivieren erwünschter Handlungen, wie es John Rogerson geradezu meisterhaft in diesem Buch dokumentiert, führt zur **Hundeerziehung tierisch gut!** Schritt für Schritt leitet der Autor den Leser durch alle Einzelheiten, die er zur Erziehung seines Haushundes wissen muß. Besonders beeindruckend die Erläuterung, wie menschliche Stimme, Mimik und Hände den Hund lehren. 64 Seiten, humorvoll farbig illustriert. DM 24,80

STICHWORTVERZEICHNIS